유학생을 위한 쉬운 경영 한국어

어휘

이다솜, 김지현 저

pnc publishing and culture
피앤씨미디어

머리말

성공적으로 전공 학업을 수행한 후 학위를 취득하는 것은 외국인 유학생들의 공통된 목표일 것이다. 이 책은 경영학과에 진학 전이거나, 경영학과에 입학한 유학생들을 대상으로 전공에서 필요로 하는 어휘와 전공 지식을 쉽고 폭넓게 이해하는 데 도움을 주기 위해 총 10개의 단원으로 만들어졌다.

이 책을 통해 유학생들은 자기 주도적으로 전공 어휘를 학습하는 법을 배우고, 해당 전공 어휘가 활용되는 다양한 양상을 파악할 수 있다. 또한, 단순히 어휘를 암기하는 것을 넘어 학습한 어휘가 다양한 예문과 읽기 텍스트에서 어떻게 사용되는지 이해할 수 있다. 나아가 각 단원과 관련 있는 신문 기사를 삽입해 경영학 전공 유학생들의 시사 지식을 넓힐 수 있도록 하였으며, 신문에서 활용되는 어려운 관용어도 학습할 수 있는 것이 이 책의 특징이다.

저자 이다슴, 김지현

특 징

1. 경영학 관련 전공에서 사용하는 필수 어휘들을 익힐 수 있도록 하였습니다.

2. 다른 어휘와의 관계를 통해 전공 어휘를 학습할 수 있도록 하였습니다.

3. 다양한 예문과 신문 기사 읽기를 통해 경영학과 관련된 배경지식을 향상시킬 수 있도록 하였습니다.

4. 앞에서 배운 텍스트와 관련 있는 신문 기사 읽기를 통해 다양한 한자어와 표현을 익힐 수 있도록 하였습니다.

차 례

01

경영 요소

1. 과거의 경영 요소
2. 현재의 경영 요소
3. 미래의 경영 요소

01 과거의 경영 요소

과거에는 재화를 생산하기 위해 '인적 자원', '물적 자원',이 필요하였다. '인적 자원'이란 노동력을 제공하는 사람이다. 아무리 기계화가 된 기업이라도 그 시설을 운영하고 관리하는 사람이 필요하기 때문에 인적 자원은 과거뿐만 아니라 현대 경영에서도 중요하다. '물적 자원'은 돈뿐만 아니라 땅이나 건물도 포함된다.

어휘 이해

한국어	영어	모국어
재화	goods	
인적 자원	human resources	
물적 자원	material resources	
노동력	labor power	
기계화	mechanization	

한국어	뜻	예시
재화	사람이 원하는 것을 충족시키는 물건	· 재화와 용역 · 재화가 한성되다 · 재화를 교환하다
인적 자원	사람에 관한 자원	· 인적 자원 동원 · 인적 자원 개발 · 가용 인적 자원
물적 자원	물건에 관한 자원	· 물적 자원 동원 · 물적 자원 개발 · 물적 자원이 풍부하다
노동력	일할 때 쓰이는 사람의 정신적 능력과 육체적 능력	· 노동력 착취 · 노동력이 부족하다 · 노동력이 필요하다
기계화	기계가 사람의 일을 대신하게 됨	· 기계화 시설 · 기계화하다 · 기계화되다

어휘 발전

❍ 빈칸에 들어갈 공통된 어휘를 써 보세요.

1.

- □□가 한정되다
- □□를 교환하다
- □□와 용역
- □□를 분배하다

2.

- □□ □□ 양성
- □□ □□ 동원
- 전문 □□ □□
- □□ □□이 풍부하다

3.

- 생산의 □□□
- □□□하다
- □□□ 시설
- □□□가 이루어지다

4.

- □□□ 착취
- □□□이 부족하다
- □□□이 필요하다
- 숙련된 □□□

정 답 1. 재화 2. 인적 자원 3. 기계화 4. 노동력

어휘 완성

❍ 빈칸에 알맞은 어휘를 〈보기〉에서 찾아 쓰세요.

보 기
재화　　인적 자원　　물적 자원　　노동력　　기계화

1. 천연자원이 없는 한국은 사람의 능력으로 발전하는 (　　　　)을/를 중요시한다.

2. 취업난이 심각해지자 이를 악용하여 구직자들의 (　　　　)을/를 착취하는 기업이 생겨났다.

3. 예전에는 사람이 직접 하던 일을 이제는 기계가 다 하면서 모든 분야에서 (　　　　)이/가 이루어졌다.

4. 화폐가 없었을 때는 가치가 동등한 (　　　　)을/를 교환하는 방법으로 물건을 사고 팔았다.

5. 기업을 경영하기 위해 필요한 돈은 (　　　　)에 포함된다.

정 답　1. 인적 자원　2. 노동력　3. 기계화　4. 재화　5. 물적 자원

신문 기사를 읽어 봅시다

NEWS

경제 위기 극복 열쇠는 '인적 자원 개발'

최근 한국의 경제 시장이 불황을 맞이하면서 경제 위기에 빠지게 되었다. 이에 경제 전문가들은 경제 위기를 극복하기 위한 방법으로 인적 자원 개발을 제안했다.…

김한국 기자

02 현대의 경영 요소

기업이 추구하는* 목표는 효율성과 유효성(효과성)이다. 이를 위해 현대 경영에서는 전략과 정보가 중요한 요소가 되고 있다. '전략'은 경영 목적을 잘 달성할** 수 있는 방법이다. 그리고 전략적으로 의사결정을 하기 위해서는 '정보'가 필요하다. 최근 기업의 경쟁력은 정보력에 의해 결정된다. 따라서 기업들은 충분한 정보를 신속하게 파악하고 관리하기 위해 정보를 담당하는 부서를 운영하기도 한다.

---

* 추구하다 : 목적을 이루기 위해 무엇을 함

** 달성하다 : 목적한 것을 이룸

어휘 이해

한국어	영어	모국어
효율성	efficiency	
유효	effectiveness	
전략	strategy	
정보력	intelligence	
부서	department	

한국어	뜻	예시
효율성	노력이나 힘에 대한 결과가 좋음	· 효율성이 높다 ↔ 낮다 · 효율성이 좋다 ↔ 나쁘다 · 효율성을 고려하다
유효	사용할 수 있거나 효과가 있음	· 유효 기간 · 유효 범위 · 유효하다
전략	정치, 경제 등의 사회적 활동을 하는 데 필요한 방법과 계획	· 광고 전략 · 전략 상품 · 전략을 세우다
정보력	정보를 빠르게 얻는 능력	· 정보력의 차이 · 막강한 정보력 · 정보력을 갖추다
부서	회사, 기관, 조직에서 일의 성격에 따라 나눈 사무의 단위	· 담당 부서 · 판매 부서 · 부서를 옮기다

어휘 발전

❍ 빈칸에 들어갈 공통된 어휘를 써 보세요.

1.

- □□를 옮기다
- 판매 □□
- 담당 □□
- □□에서 일하다

2.

- □□□이 나쁘다
- □□□이 좋다
- □□□이 높다
- □□□을 고려하다

3.

- 광고 □□
- □□으로 내세우다
- □□ 상품
- □□을 세우다

4.

- □□하다
- □□성 평가
- □□ 기간
- □□ 범위

정 답 1. 부서 2. 효율성 3. 전략 4. 유효

어휘 완성

❍ 빈칸에 알맞은 어휘를 〈보기〉에서 찾아 쓰세요.

보기				
효율성	유효	전략	정보력	부서

1. 친환경 에너지는 환경보호에는 효과적이지만 (   )이/가 떨어지는 단점이 있다.

2. 신용카드의 (   ) 기간은 보통 발급일로부터 5년이다.

3. 해외 수출을 하기 위해서는 그 나라에 대한 (   )이/가 필수적이다.

4. 우리 회사는 물건을 많이 팔기 위한 (   ) 회의를 하였다.

5. 회사에서는 각 (   )마다 하는 업무가 다르다.

정 답 1. 효율성 2. 유효 3. 정보력 4. 전략 5. 부서

신문 기사를 읽어 봅시다

NEWS

변화하는 경제 시장, 정보력으로 승부

애플리케이션 개발 업체로 각광을 받고 있는 A회사 대표를 만나 인터뷰를 진행하였다. 회사의 성공 비결을 묻자, A회사 대표 OOO 씨는 현재 변화하고 있는 경제 시장은 정보력을 가진 회사만이 승부를 볼 수 있다고 대답하였다.…

김한국 기자

03 미래의 경영 요소

글로벌 시장의 확산* 과 정보 통신의 발달로 지식과 정보가 빠르게 퍼지고 있다. 이에 따라 지식과 정보는 이제 경영에서 경쟁 요소가 될 수 없다. 따라서 미래에는 경영의 혁신과 도전, 차별화가 필요할 것이다. 그리고 환경오염이 심각해짐에 따라 지속 가능한 경제 성장을 추구하는 순환경제가 미래의 경영 요소가 될 것이다.

* 확산 : 널리 퍼짐

어휘 이해

한국어	영어	모국어
글로벌 시장	global market	
경쟁	competition	
도전	challenge	
차별화	challenge	
순환경제	circular economy	

한국어	뜻	예시
글로벌 시장	전 세계를 하나의 시장으로 보고 실행하는 경영 활동	· 글로벌 시장 전략 · 글로벌 시장 전망 · 글로벌 시장에 진출하다
경쟁	어떤 분야에서 이기거나 앞서려고 서로 겨룸	· 경쟁 전략 · 경쟁을 붙다 · 경쟁에서 이기다
도전	목표한 것을 얻기 위해 어려움에 맞섬	· 도전 정신 · 새로운 도전 · 도전을 하다
차별화	다른 것과 차이를 둠	· 품질의 차별화 · 차별화 전략 · 차별화를 하다
순환 경제	제품을 재사용, 재활용해 다시 순환할 수 있도록 하는 경제 시스템	· 순환경제 사례 · 순환경제 기업 · 순환경제 비즈니스 모델

어휘 발전

❍ 빈칸에 들어갈 공통된 어휘를 써 보세요.

1.

서비스의 □□□

□□□ 전략

품질의 □□□

□□□를 하다

2.

□□ 우위

□□을 붙다

□□ 기업

□□에서 이기다

3.

새로운 □□

□□ 정신

무리한 □□

□□을 하다

4.

□□ □□ 사례

□□□□의 필요성

□□ □□ 기업

□□□□ 비즈니스 모델

정 답	1. 차별화	2. 경쟁	3. 도전	4. 순환경제

어휘 완성

❍ 빈칸에 알맞은 어휘를 〈보기〉에서 찾아 쓰세요.

보기				
글로벌 시장	경쟁	도전	차별화	순환경제

1. 이번 세미나에서는 창업에 (　　　　)하고자 하는 예비 창업인들에게 새로운 용기를 심어줄 것이다.

2. A회사 제품은 품질 면에서는 아주 우수하지만 가격 면에서 (　　　　) 업체에 뒤처지고 있다.

3. 지속 가능한 사회를 실현하기 위해 환경 영향을 줄이는 (　　　　)이/가 주목받고 있다.

4. A회사는 (　　　　)에 진출하기 위해 이번 신입사원은 한국에서 오래 거주한 외국인만 채용하기로 했다.

5. 우리 회사는 경쟁사와의 품질의 (　　　　)(으)로 매출을 올리고 있다.

정 답 1. 도전 2. 경쟁 3. 순환경제 4. 글로벌 시장 5. 차별화

신문 기사를 읽어 봅시다

NEWS

이제는 순환경제 시대, 폐기물도 자원이 된다?

폐기물은 버리는 제품이지만 이것을 버리지 않고 자원으로 활용할 수 있다. 이미 많은 기업에서는 친환경 제품과 더불어 제품의 지속 가능성을 염두에 두고 있다. 바야흐로 순환경제 시대로 접어들게 된 것이다.…

김한국 기자

1과 마무리

전공 교재 미리 보기 〔경영 요소〕

과거에는 재화를 생산하기 위해 '인적 자원', '물적 자원'이 필요하였다. '인적 자원'이란 노동력을 제공하는 사람이다. 아무리 기계화가 된 기업이라도 그 시설을 운영하고 관리하는 사람이 필요하기 때문에 인적 자원은 과거뿐만 아니라 현대 경영에서도 중요하다. '물적 자원'은 돈뿐만 아니라 땅이나 건물도 포함된다.

기업이 추구하는 목표는 효율성과 유효성(효과성)이다. 이를 위해 현대 경영에서는 '전략'과 '정보'가 중요한 요소가 되고 있다. '전략'은 경영 목적을 잘 달성할 수 있는 방법이다. 그리고 전략적으로 의사결정을 하기 위해서는 '정보'가 필요하다. 최근 기업의 경쟁력은 정보력에 의해 결정된다. 따라서 기업들은 충분한 정보를 신속하게 파악하고 관리하기 위해 정보를 담당하는 부서를 운영하기도 한다.

글로벌 시장의 확산과 정보 통신의 발달로 지식과 정보가 빠르게 범용되고 있다. 이에 따라 지식과 정보는 이제 경영에서 경쟁 요소가 될 수 없다. 따라서 미래에는 경영의 혁신과 도전, 차별화가 필요할 것이다. 그리고 환경오염이 심각해짐에 따라 지속 가능한 경제 성장을 추구하는 순환경제가 미래의 경영 요소가 될 것이다.

※ 다음을 읽고 맞는 것은 O, 틀린 것은 X를 하세요.

1. '물적 자원'이란 노동력을 제공하는 사람을 말한다. (O / X)

2. 인적 자원은 과거에는 중요하였지만 현재는 중요하지 않다. (O / X)

3. 기업은 효율성과 유효성을 추구한다. (O / X)

4. 미래의 경영 요소에는 순환경제가 포함될 것이다. (O / X)

정 답 1. X 2. X 3. O 4. O

02

경영 전략

1. 경영 전략 수립 과정
2. 경영 전략 종류
3. 경영 전략 기법

01 경영 전략 수립 과정

경영 전략을 수립하기* 위해서는 먼저 조직의 목표를 설정해야 한다. 경영자는 제품이나 시장의 상황 등을 분석해 목표를 세운 후 경영 환경을 분석해야 한다. 경영 환경 분석은 기업이 외부 환경 정보를 체계적으로 평가하는 것이다. 다음으로 전략 대안**을 선택해야 한다. 경영 환경 분석을 바탕으로 기업의 강점을 살릴 수 있는 전략적 대안을 검토한다. 그리고 마지막으로 전략을 실행하고 평가한다.

---

* 수립하다 : 국가, 정부, 제도와 같은 것을 만드는 것
** 대안 : 어떤 일을 대체할 수 있는 방안

어휘 이해

한국어	영어	모국어
조직	organization	
경영자	manager	
시장	market	
환경 분석	environmental analysis	
강점	strength	

한국어	뜻	예시
조직	특정한 목적을 달성하기 위해 모인 체계적인 집단	· 조직 사회 · 조직하다 · 조직을 구성하다
경영자	기업이나 조직의 목표를 이루기 위해 책임을 가진 사람	· 경영자 역할 · 최고 경영자 (CEO) · 전문 경영자
시장	상품, 서비스의 거래가 이뤄지는 공간	· 시장 선점 · 시장 분석 · 국내/해외 시장
환경 분석	기업에 영향을 주는 요인을 조사, 분석하여 전략을 결정하는 과정	· 외부 환경 분석 · 내부 환경 분석 · 마케팅 환경 분석
강점	기업이 경쟁력을 갖는 특성	· 강점을 활용하다 · 강점을 개발하다 · 강점을 파악하다

어휘 발전

❍ 빈칸에 들어갈 공통된 어휘를 써 보세요.

1.

- □□ 분석
- □□ 선점
- 해외 □□
- 국내 □□

2.

- □□을 구성하다
- □□ 사회
- □□ 하다
- □□에 들어가다

3.

- □□을 지니다
- □□을 파악하다
- □□을 활용하다
- □□을 개발하다

4.

- 외부 □□ □□
- 내부 □□ □□
- 경쟁사 □□ □□
- 마케팅 □□ □□

정 답 1. 시장 2. 조직 3. 강점 4. 환경 분석

어휘 완성

❍ 빈칸에 알맞은 어휘를 〈보기〉에서 찾아 쓰세요.

보 기

조직　　경영자　　시장　　환경 분석　　강점

1. 권위적인 (　　　　)에서는 의사소통이 원활하게 이루어지지 않는다.

2. 국내의 인력난으로 A회사는 해외 (　　　　)을/를 개척했다.

3. 기업이 성공하기 위해서는 경영을 책임지는 (　　　　)의 역할이 중요하다.

4. (　　　　) 결과 대학생들에게 인기 있는 제품을 만들 수 있었다.

5. C기업은 독보적인 기술력을 (　　　　)(으)로 가지고 있다.

정 답　1. 조직　2. 시장　3. 경영자　4. 환경 분석　5. 강점

신문 기사를 읽어 봅시다

NEWS

'수출' 박차 가하는 기업

A회사는 국내의 불황을 극복하기 위해 올해 상반기부터 본격적으로 해외 시장을 개척하였다. 철저한 환경 분석을 통해 현지인들의 입맛에 맞는 제품을 개발한 결과 작년 대비 수출액이 200% 이상 증가했다.…

김한국 기자

02 경영 전략 종류

경영 전략은 기업의 규모와 업종, 조직 구조 형태에 따라서 '기업 전략', '사업 전략', '기능별 전략'으로 구성된다. 기업 전략은 기업 전체의 경영을 포함하는 것으로 인수 합병(M&A), 기업의 매각 등이 있다. 사업 전략은 시장 경쟁에서 우위* 를 차지하려는 것으로 2+1 판매 전략, 저비용 제품 생산 판매 등이 있다. 기능별 전략은 영업이나 생산, 인사, 마케팅 등 각 분야에서 전략을 실행하는 것이다.

---

* 우위 : 더 나은 위치나 수준

어휘 이해

한국어	영어	모국어
업종	industry	
인수 합병	mergers and acquisitions	
매각	divestiture	
생산	production	
인사	human resources	

한국어	뜻	예시
업종	산업이나 영업 종류	· 업종 변경 · 유망 업종 · 업종에 종사하다
인수 합병	다른 회사를 인수하거나 합병하여 기업을 확장하는 전략	· 인수/합병하다 · 인수/합병되다 · 인수 합병을 추진하다
매각	소유하고 있는 자산을 판매	· 매각하다/되다 · 부동산 매각 · 매각을 결정하다
생산	원자재나 부품을 이용해 제품을 만드는 과정	· 생산량 · 생산 시기 · 생산성을 높이다
인사	기업의 인력 관리와 관련된 업무	· 인사 이동 · 인사 평가 · 인사 고과

어휘 발전

❍ 빈칸에 들어갈 공통된 어휘를 써 보세요.

1.

- □□ 하다
- □□을 결정하다
- 부동산 □□
- □□ 절차

2.

- 영세 □□
- 유망 □□
- □□ 변경
- □□에 종사하다

3.

- □□량
- □□ 시기
- □□하다
- □□성을 높이다

4.

- □□ □□ 하다
- □□ □□을 검토하다
- □□ □□ 되다
- □□ □□을 추진하다

정 답　1. 매각　2. 업종　3. 생산　4. 인수 합병

어휘 완성

❍ 빈칸에 알맞은 어휘를 〈보기〉에서 찾아 쓰세요.

보 기

업종　　인수 합병　　매각　　생산　　인사

1. 불경기로 인해 (　　　　)을/를 변경하는 가게들이 생기고 있다.

2. (　　　　) 평가에 따라 성과금의 금액이 달라진다.

3. 새로운 기술을 적용하면 지금보다 (　　　　)을/를 늘릴 수 있다.

4. B회사는 경영난으로 공장을 (　　　　)하기로 결정했다.

5. H방송국과 D신문사의 (　　　　)이/가 화제가 되고 있다.

정 답　1. 업종　2. 인사　3. 생산　4. 매각　5. 인수 합병

신문 기사를 읽어 봅시다

NEWS

인수 합병 초읽기

국내 최대 배달 앱을 운영 중인 A기업이 이번에는 B기업의 인수 합병 초읽기에 들어갔다. 이에 따라 A기업과 C기업의 본격적인 경쟁이 예상된다. 특히 A기업의 인수 합병 조건에 많은 관심이 쏟아지고 있다.…

김한국 기자

03 경영 전략 기법

경영 전략 기법 중 BCG* 매트릭스(matrix) 분석은 조직 내 한정된 자원 배분 문제를 해결하는 데 유용한 전략이다. 이 전략은 '시장 성장률(growth)'과 '시장 점유율(market share)'이 중요하다. 시장 성장률은 목표로 하는 시장 규모가 매년 성장하고 있는 정도를 말한다. 시장 점유율은 전체 시장 규모에서 차지하는 판매액의 비율을 나타낸 것이다.

* BCG : 미국의 'Boston Consulting Group(보스턴 컨설팅 그룹)'이라는 뜻이며, BCG 매트릭스 전략은 해당 그룹에서 만든 전략을 의미함

어휘 이해

한국어	영어	모국어
한정	limitation	
자원	resources	
성장률	growth rate	
점유율	market share	
판매액	sales revenue	

한국어	뜻	예시
한정	회사가 가진 제한된 것	· 자원 한정 · 한정 판매 · 한정 생산
자원	경제적인 생산에 필요한 원료	· 한정된 자원 · 자원을 공급하다 · 자원이 풍부하다
성장률	회사가 성장하고 있는 정도를 나타내는 지표	· 경제 성장률 · 마이너스 성장률 · 성장률이 상승하다 ↔ 하락하다
점유율	회사가 특정 시장에서 차지하는 비중을 나타내는 것	· 점유율을 가지다 · 점유율을 높이다 · 점유율이 감소하다
판매액	회사가 제품, 서비스를 판매하여 얻는 수익	· 판매액이 증가하다 · 판매액이 줄어들다 · 전년 대비 판매액

어휘 발전

❍ 빈칸에 들어갈 공통된 어휘를 써 보세요.

1.

- □□이 고갈되다
- □□을 공급하다
- 한정된 □□
- □□이 풍부하다

2.

- □□□을 높이다
- □□□을 가지다
- □□□을 기록하다
- □□□이 감소하다

3.

- □□ 판매
- 자원 □□
- □□ 되다
- □□ 생산

4.

- 전년 대비 □□□
- □□□이 증가하다
- □□□이 부진하다
- □□□이 줄어들다

정 답	1. 자원	2. 점유율	3. 한정	4. 판매액

어휘 완성

❍ 빈칸에 알맞은 어휘를 〈보기〉에서 찾아 쓰세요.

보 기				
한정	자원	성장률	점유율	판매액

1. 노동력 ( )(으)로 인해 회사의 성장에 한계가 있다.

2. 새로운 제품 출시로 회사의 ( )이/가 크게 증가했다.

3. 회사 주요 제품이 시장 ( ) 1위를 기록했다.

4. 전기차 성장으로 인해 배터리 회사들의 ( )이/가 예상을 뛰어 넘고 있다.

5. 환경오염으로 해양 ( )이/가 고갈되고 있다.

정 답 1. 한정 2. 판매액 3. 점유율 4. 성장률 5. 자원

신문 기사를 읽어 봅시다

NEWS

A기업,
스마트폰 시장 1위 탈환

A기업이 올해 1분기 전 세계 스마트폰 시장에서 B기업을 제치고 1위를 차지했다. 이로써 A기업은 B기업과 격차를 줄여 스마트폰 점유율이 초접전 상태가 되었다.…

김한국 기자

2과 마무리

전공 교재 미리 보기 〔경영 전략〕

경영 전략을 수립하기 위해서는 먼저 조직의 목표를 설정해야 한다. 경영자는 제품이나 시장의 상황 등을 분석해 목표를 세운 후 경영 환경을 분석해야 한다. 경영 환경 분석은 기업이 외부 환경 정보를 체계적으로 평가하는 것이다. 다음으로 전략 대안을 선택해야 한다. 경영 환경 분석을 바탕으로 기업의 강점을 살릴 수 있는 전략적 대안을 검토한다. 그리고 마지막으로 전략을 실행하고 평가한다.

경영 전략은 기업의 규모와 업종, 조직 구조 형태에 따라서 '기업 전략', '사업 전략', '기능별 전략'으로 구성된다. 기업 전략은 기업 전체의 경영을 포함하는 것으로 인수 합병(M&A), 기업의 매각 등이 있다. 사업 전략은 시장 경쟁에서 우위를 차지하려는 것으로 2+1 판매 전략, 저비용 제품 생산 판매 등이 있다. 기능별 전략은 영업이나 생산, 인사, 마케팅 등 각 분야에서 전략을 실행하는 것이다.

경영 전략 기법 중 BCG 매트릭스(matrix) 분석은 조직 내 한정된 자원 배분 문제를 해결하는 데 유용한 전략이다. 이 전략은 '시장 성장률(growth)'과 '시장 점유율(market share)'이 중요하다. 시장 성장률은 목표로 하는 시장 규모가 매년 성장하고 있는 정도를 말한다. 시장 점유율은 전체 시장 규모에서 차지하는 판매액의 비율을 나타낸 것이다.

※ 다음을 읽고 맞는 것은 O, 틀린 것은 X를 하세요.

1. 경영 전략을 세우기 위해서는 시장 및 환경 분석이 필요하다 (O / X)

2. 경영 전략은 기업의 약점을 살릴 수 있는 전략적 대안이 필요하다. (O / X)

3. 기능별 전략에는 기업의 매각이 포함된다. (O / X)

4. BCG 매트릭스 분석 전략은 시장 성장률과 시장 점유율이 중요하다. (O / X)

정 답 1. O 2. X 3. X 4. O

03

기 업

1. 기업의 정의
2. 기업의 역할
3. 기업의 분류

01 기업의 정의

기업은 이윤을 만들기 위해 다양한 재화와 서비스를 생산하고 판매하는 조직이다. 기업은 가계, 정부와 상호의존적*인 관계를 맺고 있다. 가계는 기업에 필요한 노동력을 제공하고 그 대가로 임금을 받는다. 정부는 기업에게 받은 세금으로 여러 가지 공공정책**을 실시한다. 그리고 기업은 가계와 정부가 소비 활동을 할 수 있도록 한다.

---

* 상호의존적 : 여러 요소가 다른 요소들과 서로 영향을 주고받는 특성
** 공공정책 : 정부에서 실시하는 정책

어휘 이해

한국어	영어	모국어
기업	company	
이윤	profit	
가계	household	
임금	wage	
세금	tax	

한국어	뜻	예시
기업	이익을 얻기 위해 재화나 서비스를 생산, 판매하는 조직	· 대기업 · 중소기업 · 기업을 운영하다
이윤	기업의 총수익에서 제품 생산에 들어간 비용 등을 빼고 남는 순이익	· 이윤 극대화 · 이윤이 증가하다 ↔ 감소하다 · 이윤을 창출하다
가계	경제 단위로서의 가정	· 가계 지출 · 가계 소득 · 가계에 부담이 되다
임금	일을 한 대가로 받는 돈	· 임금 인상 · 임금 협상 · 임금이 많다 ↔ 적다
세금	국가나 지방 단체에서 국민에게 거두는 돈	· 세금 납부 · 세금 계산서 · 세금을 내다

어휘 발전

❍ 빈칸에 들어갈 공통된 어휘를 써 보세요.

1.

대□□	□□을 운영하다
□□을 설립하다	중소□□

2.

□□ 지출	□□ 소득
□□에 부담이 되다	□□ 자금

3.

□□ 납부	□□을 내다
□□ 계산서	□□ 면제

4.

□□ 인상	□□을 지급하다
□□이 많다	□□ 협상

정 답 1. 기업 2. 가계 3. 세금 4. 임금

어휘 완성

❍ 빈칸에 알맞은 어휘를 〈보기〉에서 찾아 쓰세요.

보기				
기업	이윤	가계	임금	세금

1. 아이들의 사교육비가 ( )에 큰 부담을 준다.

2. 모든 ( )은/는 이익을 최우선으로 생각한다.

3. 정부는 외국인 투자자들에게 ( ) 감면 혜택을 줘서 우리나라에 더 많이 투자할 수 있도록 하였다.

4. 기업의 가장 큰 목표는 ( )을/를 올리는 것이다.

5. 회사는 근로자의 노동에 대한 정당한 ( )을/를 지급해야 한다.

정 답 1. 가계 2. 기업 3. 세금 4. 이윤 5. 임금

신문 기사를 읽어 봅시다

NEWS

불황으로 한국 가계 빚 '눈덩이'

경제 사정이 좋지 않아 가계의 빚이 갈수록 커지고 있다. 우리나라는 가계와 기업 민간 부분에서도 가계의 빚이 심각한 수준인 것으로 조사됐다. 폭증하는 가계 빚은 나라의 경제를 위험에 빠뜨리고 있다.…

김한국 기자

02 기업의 역할

기업은 영리를 추구하는 조직이지만 가계와 정부와 상호의존적인 관계를 맺는다. 기업의 역할은 다음과 같다. 첫째, 기업은 소비자에게 필요한 제품과 서비스를 제공해 소비자의 욕구를 충족시켜 준다. 둘째, 일자리를 제공하여 고용을 창출한다*. 셋째, 국가 경제 발전에 도움을 주며, 사회적 책임을 통해 사회복지를 실현한다.

* 창출하다 : 전에 없던 것을 새롭게 만들어 냄

어휘 이해

한국어	영어	모국어
영리	profit	
소비자	consumer	
일자리	job	
고용	employment	
사회 복지	social welfare	

한국어	뜻	예시
영리	재산상의 이익을 얻음	· 영리 목적 · 영리 활동 · 영리를 추구하다
소비자	생산자가 만든 물건이나 서비스 등을 돈을 주고 사는 사람	· 소비자 피해 · 생산자와 소비자 · 소비자 보호 단체
일자리	일터나 직장과 같이 직업으로 삼아 일하는 곳	· 일자리 창출 · 안정된 일자리 · 일자리를 구하다
고용	돈을 주고 사람에게 일을 시킴	· 고용 계약 · 고용 안정 · 고용이 되다
사회 복지	국민의 생활 향상과 사회 보장을 위해 교육, 문화, 의료 등 사회생활에 걸쳐 베푸는 사회 정책과 시설	· 사회 복지 정책 · 사회 복지 혜택 · 사회 복지가 향상되다

어휘 발전

❍ 빈칸에 들어갈 공통된 어휘를 써 보세요.

1.

- □□ 계약
- □□이 되다
- □□ 안정
- □□을 하다

2.

- □□ 수단
- □□를 추구하다
- □□ 활동
- □□ 목적

3.

- □□□ 피해
- 생산자와 □□□
- □□□ 권리
- □□□ 보호 단체

4.

- □□□ 대책
- □□□ 창출
- 안정된 □□□
- □□□를 구하다

정 답 1. 고용 2. 영리 3. 소비자 4. 일자리

어휘 완성

❍ 빈칸에 알맞은 어휘를 〈보기〉에서 찾아 쓰세요.

보 기				
영리	소비자	일자리	고용	사회 복지

1. 나는 대학을 졸업하고 (   )을/를 구하기 위해 이곳저곳에 이력서를 내고 있다.

2. 우리 회사에서는 공정한 (   ) 기회를 제공하기 위해 블라인드 채용을 실시한다.

3. 정부에서는 (   )을/를 향상시키기 위하여 무상 의무 교육을 고등학교까지로 확대하였다.

4. (   )은/는 싸고 좋은 제품을 선택할 권리가 있다.

5. 기업은 (   )을/를 목적으로 만들어졌지만 사회 공헌을 하기도 한다.

정 답 1. 일자리 2. 고용 3. 사회 복지 4. 소비자 5. 영리

신문 기사를 읽어 봅시다

NEWS

정부, 고용 취약 계층 대상 일자리 정책 확대

정부에서는 고용에 취약한 청년이나 여성, 고령자들을 대상으로 일자리 정책을 확대하기로 하였다. 기존의 일자리 정책은 참여 조건이 까다로워서 구직자들이 혜택을 많이 누리지 못하였지만, 이번 일자리 정책에서는 참여 조건이 완화될 전망이다.…

김한국 기자

03 기업의 분류

기업 규모에 따라 대기업, 중견기업, 중소기업으로 구분된다. 대기업은 일정 규모 이상의 자산 및 종업원을 갖추고 큰 매출을 올리는 기업이다. 중견기업은 중소기업과 대기업의 중간 규모인 기업을 말한다. 중소기업이란 대기업과 중견기업에 비해 자본과 경영 규모가 작은 기업이다. 그 밖에 오늘날에는 기업의 수익 구조와 소비자의 가치관*이 변화하면서 프랜차이즈, 벤처 기업, 사회적 기업 등 새로운 형태의 기업들도 나타나고 있다.

* 가치관 : 사람이 어떤 것의 가치에 대하여 가지는 태도나 판단의 기준

어휘 이해

한국어	영어	모국어
자산	assets	
매출	sale	
수익	earnings	
벤처 기업	start-up	
사회적 기업	social enterprise	

한국어	뜻	예시
자산	경제적 가치가 이는 재산	· 자산 가치 · 자산 관리 · 자산이 많다
매출	물건을 파는 일	· 매출액 · 매출이 늘다 ↔ 줄다 · 매출을 올리다
수익	일이나 사업 등에서 얻은 이익	· 높은 수익 · 수익 사업 · 수익이 나다
벤처 기업	새로운 기술과 아이디어로 경영을 하는 중소기업	· 우수 벤처 기업 · 벤처 기업 창업 · 벤처 기업을 육성하다
사회적 기업	이윤이 아닌 사회적 목표를 가진 사업	· 사회적 기업 창업 · 유망한 사회적 기업 · 반사회적 기업

어휘 발전

❍ 빈칸에 들어갈 공통된 어휘를 써 보세요.

1.

□□ 가치	기업 □□
□□이 많다	□□ 관리

2.

□□ 사업	□□이 나다
□□이 없다	높은 □□

3.

□□을 올리다	□□액
□□이 줄다	□□이 늘다

4.

우수 □□ □□	□□ □□을 육성하다
□□ □□ 창업	□□ □□을 키우다

정 답	1. 자산	2. 수익	3. 매출	4. 벤처 기업

어휘 완성

❍ 빈칸에 알맞은 어휘를 〈보기〉에서 찾아 쓰세요.

보기				
자산	매출	수익	벤처 기업	사회적 기업

1. 이 사업은 미래 가치가 있으므로 앞으로 상당한 (   )이/가 날 것이다.

2. 최근 각국에서는 영리 추구가 아닌 사회적 목적 실현을 위한 (   )을/를 발굴하고 있다.

3. 창조적인 아이디어와 첨단 기술을 바탕으로 도전적인 사업을 운영하는 중소기업을 (   )(이)라고 한다.

4. 우리 회사는 신제품의 인기 덕분에 (   )액이 점점 늘고 있다.

5. 김 회장은 기업 (   )의 30%에 해당하는 주식을 가지고 있다.

정 답 1. 수익 2. 사회적 기업 3. 벤처 기업 4. 매출 5. 자산

신문 기사를 읽어 봅시다

NEWS

투자 없이 수백억 매출, '잭팟' 터진 벤처 기업

스타트업으로 출발한 벤처 기업 A가 빠르게 성장하고 있다. A기업은 외부의 투자를 하나도 받지 않았지만 연간 수백억의 매출을 올리고 있다. 말 그대로 '잭팟'이 터진 셈이다.…

김한국 기자

3과 마무리

전공 교재 미리 보기 〔기업과 경영〕

기업은 이윤을 만들기 위해 다양한 재화와 서비스를 생산하고 판매하는 조직이다. 기업은 가계, 정부와 상호의존적인 관계를 맺고 있다. 가계는 기업에 필요한 노동력을 제공하고 그 대가로 임금을 받는다. 정부는 기업에게 받은 세금으로 여러 가지 공공 정책을 실시한다. 그리고 기업은 가계와 정부가 소비 활동을 할 수 있도록 한다.

기업은 영리를 추구하는 조직이지만 가계와 정부와 상호의존적인 관계를 맺는다. 기업의 역할은 다음과 같다. 첫째, 기업은 소비자에게 필요한 제품과 서비스를 제공해 소비자의 욕구를 충족시켜 준다. 둘째, 일자리를 제공하여 고용을 창출한다. 셋째, 국가 경제 발전에 도움을 주며, 사회적 책임을 통해 사회복지를 실현한다.

기업 규모에 따라 대기업, 중견기업, 중소기업으로 구분된다. 대기업은 일정 규모 이상의 자산 및 종업원을 갖추고 큰 매출을 올리는 기업이다. 중견기업은 중소기업과 대기업의 중간 규모인 기업을 말한다. 중소기업이란 대기업과 중견기업에 비해 자본과 경영 규모가 작은 기업이다. 그 밖에 오늘날에는 기업의 수익 구조와 소비자의 가치관이 변화하면서 프랜차이즈, 벤처 기업, 사회적 기업 등 새로운 형태의 기업들도 나타나고 있다.

※ 다음을 읽고 맞는 것은 O, 틀린 것은 X를 하세요.

1. 기업은 이윤 추구를 위해 재화와 서비스를 생산하고 판매한다. (O / X)

2. 기업은 소비자에게 필요한 제품을 제공해 소비자의 욕구를 충족시켜 준다. (O / X)

3. 중견기업은 중소기업보다 규모가 작은 기업이다. (O / X)

4. 요즘에는 프랜차이즈, 벤처 기업 등 새로운 형태의 기업들이 나타나고 있다. (O / X)

정답 1. O 2. O 3. X 4. O

04

조 직

1. 조직화
2. 조직 분화
3. 조직 구조 형태

01 조직화

기업은 목표를 효과적으로 달성하기 위해 업무와 활동을 배분하는 체계적인 조직이 필요하다. 인적 자원과 물적 자원을 결합하는 과정, 공동의 목적을 달성하기 위해 과업을 배분하고 조정하는 과정을 '조직화(organizing)'라고 한다. 조직화는 각 구성원들의 역할과 업무 보고 체계, 업무 관련성 등을 명확하게 해 준다. 조직화의 기본 구성 요소는 '직무(job function)', '권한(authority)', '책임(responsibility)'이다. 여기에서 가장 중심적인 것은 '직무'로, 직무 수행과 관련하여 '권한-책임-의무'가 상호 균형을 이루어야 한다.

어휘 이해

한국어	영어	모국어
과업	task	
배분	allocation	
조정	coordination	
직무	job function	
권한	authority	

한국어	뜻	예시
과업	일이나 작업	· 과업을 맡다 · 과업으로 삼다 · 과업을 수행하다
배분	일이나 업무를 각자 나누어 맡는 것	· 재배분 · 배분하다 · 배분 받다
조정	어떤 기준이나 실정에 맞게 맞춤	· 구조 조정 · 조정하다 · 조정에 나서다
직무	담당하는 업무나 일	· 직무 대행 · 직무에 충실하다 · 직무를 수행하다
권한	특정한 일 또는 결정을 내릴 수 있는 권리, 권력	· 권한 밖 · 권한을 가지다 · 권한을 부여받다

어휘 발전

❍ 빈칸에 들어갈 공통된 어휘를 써 보세요.

1.

구조 □□	□□에 나서다
공공요금 □□	□□하다

2.

□□ 교육	□□를 수행하다
□□에 충실하다	□□ 대행

3.

□□을 맡다	□□을 수행하다
□□으로 삼다	□□을 완수하다

4.

□□ 밖	□□을 가지다
□□을 부여받다	□□을 행사하다

정 답 1. 조정 2. 직무 3. 과업 4. 권한

어휘 완성

❍ 빈칸에 알맞은 어휘를 〈보기〉에서 찾아 쓰세요.

보 기				
과업	배분	조정	직무	권한

1. 프로젝트를 수행하기 위해 (   )을/를 나누었다.

2. 부서별로 일정을 (   )하며 업무를 진행하고 있다.

3. 우리 회사는 상사의 (   )에 따라 업무가 정해진다.

4. 팀원들의 역량에 따라 업무를 (   )했다.

5. 전문성을 높이기 위해 (   )을/를 확장하는 교육이 강화되고 있다.

정 답 1. 과업 2. 조정 3. 권한 4. 배분 5. 직무

신문 기사를 읽어 봅시다

NEWS

전문성 강화 위해 직무 확장에 '박차'

최근 기업들이 직무 확장을 위해 노력하고 있다. 이는 전문성 강화를 위한 조치로, 팀원들의 역량을 높이기 위한 것이며 이를 통해 이직률이 감소할 것으로 예상된다.…

김한국 기자

02 조직 분화

조직은 '수평적 분화'와 '수직적 분화'가 있다. '수평적 분화'는 조직에서 수행해야 할 업무를 업무 단위나 특성에 따라 묶는 것이다. 구매 부문, 생산 부문, 마케팅 부문 등 직무에 따라 나눌 수 있다. 반면, '수직적 분화'는 상하 계층*별로 구분하는 것이다. 계층별 구분에 따라 최고 경영자, 중간 경영자, 일선 경영자 등으로 나눌 수 있나. 또는 현징 근로자가 실제로 작업을 하기 쉽도록 조직화하는 것이다. 가령 제조업에서는 원재료의 구입, 가공 등으로 조직을 분화할 수 있다.

* 계층 : 사회 내에서 직업, 경제적 수준 등에 따라 나뉘는 집단

어휘 이해

한국어	영어	모국어
구매	purchase	
마케팅	marketing	
근로자	employee	
제조업	manufacturing	
원재료	raw material	

한국어	뜻	예시
구매	물건이나 서비스를 사는 것	· 구매하다 · 공동 구매 · 충동 구매
마케팅	상품이나 서비스를 홍보, 판매하는 활동	· 마케팅 전략 · 마케팅 효과 · 마케팅을 펼치다
근로자	회사, 조직에서 일하는 사람	· 근로자 복지 · 근로자를 채용하다 · 근로자를 고용하다
제조업	제품을 만들어 내는 산업	· 자동차 제조업 · 제조업 공장 · 제조업에 종사하다
원재료	제품을 만들 때 필요한 첫 원료	· 원재료를 수입하다 · 원재료를 확보하다 · 원재료를 대체하다

어휘 발전

❍ 빈칸에 들어갈 공통된 어휘를 써 보세요.

1.

□□□ 파업

□□□를 고용하다

□□□를 채용하다

□□□ 복지

2.

□□력

□□하다

충동 □□

공동 □□

3.

□□□ 효과

□□□에 나서다

□□□을 펼치다

□□□ 전략

4.

□□□ 가격

□□□를 확보하다

□□□를 수입하다

□□□를 대체하다

정 답 1. 근로자 2. 구매 3. 마케팅 4. 원재료

어휘 완성

❍ 빈칸에 알맞은 어휘를 <보기>에서 찾아 쓰세요.

보 기				
구매	마케팅	근로자	제조업	원재료

1. 소셜미디어는 새로운 (   ) 방법으로 각광받고 있다.

2. 이 회사는 전문적인 기술을 가진 (   )을/를 고용한다.

3. 공동 (   )은/는 개인이 물건을 사는 것 보다 할인 폭이 더 크다.

4. (   )의 부족으로 제품을 생산하지 못해 수출이 중단되었다.

5. 인건비 상승으로 많은 (   ) 기업들이 공장을 다른 나라로 옮기고 있다.

정 답 1. 마케팅 2. 근로자 3. 구매 4. 원재료 5. 제조업

신문 기사를 읽어 봅시다

NEWS

원재료 부족으로 제조업 '울상'

최근 원재료 부족으로 인해 제조업체들이 어려움을 겪고 있는 것으로 나타났다. 다양한 산업 분야에서 원재료 공급이 감소하고 가격이 상승하면서 제조업체들은 생산량을 줄이거나 가격 인상을 결정하는 등의 대처를 하고 있다.…

김한국 기자

03 조직 구조 형태

조직 구조는 기업이 업무 수행에 필요한 자원을 적절히 배치하도록 구조화한 형태이다. 조직 구조는 '전통적 조직 구조'와 '동태적 조직 구조'가 있다. '전통적 조직 구조'는 조직이 계층화되어 있어 의사결정의 권한은 상급자에게 집중되어 있다. 상급자의 명령에 따라 하급자가 지시에 따르는 관료적인 형태이다. 반면, '동태적 조직 구조'는 전통적 조직 구조의 단점을 보완하여 급변하는 외부 환경의 변화에 대응할* 수 있는 조직 형태이다.

* 대응하다 : 어떤 일이나 상황에 알맞게 행동함

어휘 이해

한국어	영어	모국어
계층화	hierarchical	
의사결정	decision-making	
상급자	superiors	
관료적	bureaucratic	
외부 환경	external environment	

한국어	뜻	예시
계층화	조직 안에서 직무와 책임에 따라 나누어진 상하 관계	· 계층화 현상 · 계층화하다 · 계층화되다
의사결정	선택할 수 있는 여러 가지 대안 중에서 하나를 선택하는 것	· 의사결정 방식 · 의사결정 과정 · 의사결정 내리다
상급자	조직 내에서 높은 위치에 있는 사람 (상사, 상무, 사장 등)	· 상급자 직위 · 상급자 지시 · 상급자로 모시다
관료적	조직 내에서 규칙, 절차에 따라 업무를 처리하는 것	· 관료적 조직 · 관료적 문화 · 관료적인 운영 방식
외부 환경	조직 외부에서 발생하는 경제, 사회, 정치 등의 변화 영향	· 외부 환경 변화 · 외부 환경의 영향 · 외부 환경에 대응하다

어휘 발전

❍ 빈칸에 들어갈 공통된 어휘를 써 보세요.

1.

□□ □□ 내리다	□□□□ 방식
민주적 □□□□	□□ □□ 과정

2.

□□□ 조직	□□□인 운영 방식
□□□ 사회 분위기	□□□ 문화

3.

□□ □□의 영향	□□ □□ 변화
□□ □□에 대응하다	□□ □□ 조건

4.

□□□ 직위	□□□ 지시
□□□로 모시다	□□□ 권한

정 답 1. 의사결정 2. 관료적 3. 외부 환경 4. 상급자

어휘 완성

❍ 빈칸에 알맞은 어휘를 〈보기〉에서 찾아 쓰세요.

보기				
계층화	의사결정	관료적	상급자	외부 환경

1. 회사의 중요한 (   )은/는 경영진의 의견이 반영된다.

2. (   )은/는 조직 내에서 중요한 결정 권한을 가지고 있다.

3. (   )된 조직은 업무와 책임이 명확하게 구분되어 있다.

4. A기업은 (   )에 대응하기 위해 수시로 시장 조사를 실시하고 있다.

5. (   )인 업무 방식은 불필요한 절차가 많아 빠른 일 처리가 어렵다.

정 답 1. 의사결정 2. 상급자 3. 계층화 4. 외부 환경 5. 관료적

신문 기사를 읽어 봅시다

NEWS

관료적 조직 문화에 '새바람'

대한민국을 대표하는 A게임 기업은 회사의 핵심 가치인 '도전 정신'을 실현하기 위해 관료적인 조직 문화를 탈피하겠다고 선언했다. 새로운 조직 문화를 만들기 위해 조직원들의 의견을 모으고 있다.…

김한국 기자

4과 마무리

전공 교재 미리 보기 〔조직〕

기업은 목표를 효과적으로 달성하기 위해 업무와 활동을 배분하는 체계적인 조직이 필요하다. 인적 자원과 물적 자원을 결합하는 과정, 공동의 목적을 달성하기 위해 과업을 배분하고 조정하는 과정을 '조직화(organizing)'라고 한다. 조직화는 각 구성원들의 역할과 업무 보고 체계, 업무 관련성 등을 명확하게 해 준다. 조직화의 기본 구성 요소는 '직무(job, function)', '권한(authority)', '책임(responsibility)'이다. 여기에서 가장 중심적인 것은 '직무'로, 직무 수행과 관련하여 '권한–책임–의무'가 상호 균형을 이루어야 한다.

조직은 '수평적 분화'와 '수직적 분화'가 있다. '수평적 분화'는 조직에서 수행해야 할 업무를 업무 단위나 특성에 따라 묶는 것이다. 구매 부문, 생산 부문, 마케팅 부문 등 직무에 따라 나눌 수 있다. 반면, '수직적 분화'는 상하 계층별로 구분하는 것이다. 계층별 구분에 따라 최고 경영자, 중간 경영자, 일선 경영자 등으로 나눌 수 있다. 또는 현장 근로자가 실제로 작업을 하기 쉽도록 조직화하는 것이다. 가령 제조업에서는 원재료의 구입, 가공 등으로 조직을 분화할 수 있다.

조직 구조는 기업이 업무 수행에 필요한 자원을 적절히 배치하도록 구조화한 형태이다. 조직 구조는 '전통적 조직 구조'와 '동태적 조직 구조'가 있다. '전통적 조직 구조'는 조직이 계층화되어 있어 의사결정의 권한은 상급자에게 집중되어 있다. 상급자의 명령에 따라 하급자가 지시에 따르는 관료적인 형태이다. 반면, '동태적 조직 구조'는 전통적 조직 구조의 단점을 보완하여 급변하는 외부 환경의 변화에 대응할 수 있는 조직 형태이다.

※ 다음을 읽고 맞는 것은 O, 틀린 것은 X를 하세요.

1. 체계적인 조직은 기업의 목표 달성을 위해 필요하다 (O / X)

2. 조직화의 기본 요소 중 가장 중요한 것은 '권한'이다. (O / X)

3. 수평적 분화는 업무를 계층별로 나누는 것이다. (O / X)

4. 동태적 조직 구조는 빠르게 변화하는 외부 환경 변화에 대응할 수 있다. (O / X)

정답 1. O 2. X 3. X 4. O

05

리더십

1. 초기 리더십 이론
2. 리더십 이론 과정
3. 기업가 정신

01 초기 리더십 이론

리더십은 목표 달성을 위하여 조직의 구성원들에게 영향을 미치는 능력이다. 초기의 리더십 연구는 리더들의 특성에 초점을 맞춘 '특성 이론'이었다. 로케(Locke, 1999)에서 훌륭한 리더들의 공통적인 특성을 파악한* 결과, 리더십은 추진력, 자신감, 창조성, 인지 능력, 경영 지식, 동기 부여, 유연성, 정직과 청렴으로 구성된다**고 하였다.

---

* 파악하다 : 어떤 내용이나 상황을 확실하에 이해하여 앎

** 구성되다 : 몇 가지의 부분을 모아 하나의 전체가 됨

어휘 이해

한국어	영어	모국어
리더십	leadership	
추진력	driving force	
인지	cognitive	
동기 부여	motivation	
청렴	integrity	

한국어	뜻	예시
리더십	조직의 지도자로서의 능력	· 강한 리더십 · 리더십이 있다 ↔ 없다 · 리더십을 발휘하다
추진력	목적을 위하여 일을 계속 이루어나가는 힘	· 추진력이 강하다 · 추진력이 부족하다 · 추진력을 키우다
인지	어떤 사실을 확실히 아는 것	· 상황 인지 · 인지 능력 · 인지(를) 하다
동기 부여	의욕을 불러일으키는 일	· 동기 부여 방법 · 동기 부여가 되다 · 동기 부여를 하다 ↔ 받다
청렴	마음이 깨끗하고 욕심이 없음	· 청렴 교육 · 청렴의 의무 · 청렴을 실천하다

어휘 발전

❍ 빈칸에 들어갈 공통된 어휘를 써 보세요.

1.

- □□을 실천하다
- □□ 교육
- □□의 의무
- □□을 가르치다

2.

- □□ □□ 방법
- □□ □□가 되다
- □□ □□를 하다
- □□ □□를 받다

3.

- □□□이 뛰어나다
- 강한 □□□
- □□□을 발휘하다
- □□□이 있다

4.

- 상황 □□
- □□ 능력
- □□가 되다
- □□를 하다

정 답	1. 청렴	2. 동기 부여	3. 리더십	4. 인지

어휘 완성

❍ 빈칸에 알맞은 어휘를 〈보기〉에서 찾아 쓰세요.

보기				
리더십	추진력	인지	동기 부여	청렴

1. 김 대리는 모든 일에 지나치게 신중해서 (　　　　)이/가 부족한 편이다.

2. 박 과장은 직원들의 표정을 보고 회사 분위기를 (　　　　) 했다.

3. 정부는 공무원을 대상으로 매년 (　　　　)의 의무를 지키기 위하여 교육을 실시하고 있다.

4. 그 회사는 경영자의 타고난 (　　　　)(으)로 경영난을 극복했다.

5. 이번 회사 세미나에서는 '생산성을 향상시키는 효과적인 (　　　　) 방법'에 대해 강연이 진행된다.

정 답　1. 추진력　2. 인지　3. 청렴　4. 리더십　5. 동기 부여

신문 기사를 읽어 봅시다

NEWS

가온시 공무원, 청렴 솔선수범 교육 '총력'

가온시가 지난 3일부터 공무원을 대상으로 청렴 교육에 총력을 다하고 있다. 이번 교육에서는 공무원의 청렴 의식을 강화시키고자 마련되었다. 강의 내용은 '청탁 금지법', '반부패 관련 법령' 등으로 진행된다.…

김한국 기자

02 리더십 이론 과정

특성 이론의 리더십은 타고나는 것이라고 본 반면에 그 후 나타난 '행동 이론'에서는 리더는 교육·훈련과 같은 후천적*인 노력에 의하여 생기는 것으로 보았다. 그리고 '상황 이론'에서는 어떤 상황에 어떤 리더가 효과적인지 보며, 부하의 상황과 업무 환경의 상황이 리더의 행동에 영향을 미친다고 보았다. 시대 상황에 따라 리더십의 형태는 변화해 왔지만, 리더십이 뛰어난 기업가는 조직 구성원들이 각자의 업무에 집중할 수 있도록 이끌 수 있다.

* 후천적 : 성질, 체질 등이 태어난 뒤에 얻어진 것

어휘 이해

한국어	영어	모국어
리더	leader	
부하	subordinate	
업무	work	
기업가	businessman	
구성원	member	

한국어	뜻	예시
리더	조직이나 단체를 이끌어 가는 사람	· 리더 역할 · 리더의 책임 · 팀/그룹의 리더
부하	어떤 사람보다 직책이 낮아 그 사람의 명령에 따르는 사람	· 부하 직원 · 상사와 부하 · 부하에게 지시하다
업무	직장 등에서 맡아서 하는 일	· 업무 계획 · 과중한 업무 · 업무가 주어지다
기업가	이윤을 목적으로 생산, 판매, 서비스 등의 사업을 조직, 경영하는 사람	· 젊은 기업가 · 훌륭한 기업가 · 기업가의 경영
구성원	어떤 조직이나 단체를 이루고 있는 사람들	· 다양한 구성원 · 사회 구성원 · 구성원 간/사이

어휘 발전

❍ 빈칸에 들어갈 공통된 어휘를 써 보세요.

1.

- □□ 계획
- □□ 내용
- 과중한 □□
- □□가 주어지다

2.

- 젊은 □□□
- □□□의 경영
- 훌륭한 □□□
- □□□의 자리

3.

- 사회 □□□
- 다양한 □□□
- □□□ 간
- 가족 □□□

4.

- □□ 직원
- □□를 지휘하다
- 상사와 □□
- □□에게 지시하다

정 답 1. 업무 2. 기업가 3. 구성원 4. 부하

어휘 완성

❍ 빈칸에 알맞은 어휘를 〈보기〉에서 찾아 쓰세요.

보기				
리더	부하	업무	기업가	구성원

1. 요즘 상사와 (　　　　)의 관계가 예전만큼 권위적이지는 않다.

2. 나는 지난 일 년 동안 팀의 (　　　　)(으)로서 팀원들을 이끌며 새 상품 기획을 맡았다.

3. (　　　　) 간의 협력 덕분에 짧은 시간에 회사를 성장시킬 수 있었다.

4. 우리 사장님은 경영 능력도 탁월하고 훌륭한 (　　　　)(이)신 것 같다.

5. 김 과장은 과중한 (　　　　)(으)로 인해 쓰러질 뻔했다.

정 답　1. 부하　2. 리더　3. 구성원　4. 기업가　5. 업무

신문 기사를 읽어 봅시다

NEWS

'소상공인의 기업가 정신 키우기' 정책 발표

중소벤처기업부가 소상공인의 기업가 정신을 키우기 위해 최대 5억 원의 정책 자금을 지원하기로 했다. '소상공인의 기업가 정신 키우기' 정책은 역량이 우수한 지역 소상공인을 대상으로 투자하였다.…

김한국 기자

03 기업가 정신

기업가 정신의 핵심 요소로는 혁신성, 위험 감수성, 진취성, 사회적 책임, 자율성이 있다. 혁신성은 새로운 제품과 서비스 개발을 통해 새로운 가치를 창출하는 것이다. 위험 감수성은 경영을 하면서 경영 손실에 대해 기꺼이* 받아들이고 이겨내는 자세를 말한다. 진취성은 무한 경쟁의 경영 환경 속에 경쟁 기업보다 우위를 차지하기 위해 노력하는 자세이며, 사회적 책임은 사회적 가치와 책임을 우선시하는 것이다. 마지막으로 자율성은 기업 목표를 달성하기 위한 자신만의 독립적인 자세이다.

* 기꺼이 : 기쁜 마음으로

어휘 이해

한국어	영어	모국어
혁신	innovative	
진취성	progressiveness	
사회적 책임	social responsibility	
자율	autonomy	
손실	loss	

한국어	뜻	예시
혁신	오래된 것을 완전히 바꾸어 새롭게 하는 것	· 기업의 혁신 · 경영의 혁신성 · 혁신적인 방법
진취성	적극적으로 나아가 일을 이루는 성질	· 진취성이 있다 · 진취성이 강하다 · 진취성이 떨어지다
사회적 책임	국가나 기업이 지켜야 할 사회적인 책임	· 기업의 사회적 책임 · 사회적 책임을 다하다 · 사회적 책임이 따르다
자율	스스로의 원칙에 따라 자신의 행동을 통제하는 것	· 자율복장 · 자율에 따르다 · 자율에 맡기다
손실	줄거나 잃어서 손해를 봄	· 경영 손실 · 손실을 입다 · 손실이 발생하다

어휘 발전

❍ 빈칸에 들어갈 공통된 어휘를 써 보세요.

1.

기업의 □□	경영의 □□성
□□적인 방법	□□적인 생각

2.

□□□이 떨어지다	□□□이 없다
□□□이 있다	□□□이 강하다

3.

경제적 □□	경영 □□
□□이 발생하다	□□을 입다

4.

□□ 복장	□□에 따르다
□□에 맡기다	□□ 의사

정 답 1. 혁신 2. 진취성 3. 손실 4. 자율

어휘 완성

❍ 빈칸에 알맞은 어휘를 <보기>에서 찾아 쓰세요.

보 기				
혁신	진취성	사회적 책임	자율	손실

1. 새로운 사업을 시작하기 위해서 (　　　　)이/가 강한 인재를 뽑아야 한다.

2. 작년 경제 불황으로 우리 회사는 경영 (　　　　)을/를 크게 입었다.

3. 올해부터 우리 회사는 새 제품 개발에 주력하는 기업의 (　　　　)을/를 시도한다.

4. 기업은 사회의 일원으로 사회와 환경에 미치는 영향에 대해 책임감을 가지는 (　　　　)이/가 필요하다.

5. 우리 회사는 매주 금요일에 정장을 입든 청바지를 입든 상관없이 (　　　　) 복장으로 출근한다.

정 답　1. 진취성　2. 손실　3. 혁신　4. 사회적 책임　5. 자율

신문 기사를 읽어 봅시다

NEWS

기업이 환경 보호에 적극 나서는 이유는? '함께 성장' 가치 중요

6월 5일 환경의 날을 맞이하여 환경 보호에 앞장서는 기업들이 늘고 있다. 기업이 영향력을 가지고 환경 보호에 적극 참여하는 것이다. 이는 기업의 사회적 책임을 강조하는 것으로 …

김한국 기자

5과 마무리

전공 교재 미리 보기 〔리더십〕

리더십은 목표 달성을 위하여 조직의 구성원들에게 영향을 미치는 능력이다. 초기의 리더십 연구는 리더들의 특성에 초점을 맞춘 '특성 이론'이었다. 로케(Locke, 1999)에서 훌륭한 리더들의 공통적인 특성을 파악한 결과, 리더십은 추진력, 자신감, 창조성, 인지 능력, 경영 지식, 동기 부여, 유연성, 정직과 청렴으로 구성된다고 하였다.

특성 이론의 리더십은 타고나는 것이라고 본 반면에 그 후 나타난 '행동 이론'에서는 리더는 교육·훈련과 같은 후천적인 노력에 의하여 생기는 것으로 보았다. 그리고 '상황 이론'에서는 어떤 상황에 어떤 리더가 효과적인지 보며, 부하의 상황과 업무 환경의 상항이 리더의 행동에 영향을 미친다고 보았다. 시대 상황에 따라 리더십의 형태는 변화해왔지만, 리더십이 뛰어난 기업가는 조직 구성원들이 각자의 업무에 집중할 수 있도록 이끌 수 있다.

기업가 정신의 핵심 요소로는 혁신성, 위험 감수성, 진취성, 사회적 책임, 자율성이 있다. 혁신성은 새로운 제품과 서비스 개발을 통해 새로운 가치를 창출하는 것이다. 위험 감수성은 경영을 하면서 경영 손실에 대해 기꺼이 받아들이고 이겨내는 자세를 말한다. 진취성은 무한 경쟁의 경영 환경 속에 경쟁 기업보다 우위를 차지하기 위해 노력하는 자세이며, 사회적 책임은 사회적 가치와 책임을 우선시하는 것이다. 마지막으로 자율성은 기업 목표를 달성하기 위한 자신만의 독립적인 자세이다.

※ 다음을 읽고 맞는 것은 O, 틀린 것은 X를 하세요.

1. 초기의 리더십 연구는 리더들의 특성에 초점을 맞췄다. (O / X)

2. 행동 이론에서는 리더십을 타고나는 것이라고 본다. (O / X)

3. 시대 상황에 따라 리더십의 형태는 바뀌어 왔다. (O / X)

4. 기업가 정신은 혁신성, 위험 감수성, 진취성, 사회적 책임, 자율성이 포함된다. (O / X)

정 답 1. O 2. X 3. O 4. O

06

인적 자원

1. 인적 자원 관리
2. 직무 관리
3. 인사 고과

01 인적 자원 관리

인적 자원 관리(HRM: Human Resource Managemnet)는 기업의 생산성을 높이기 위해 조직 구성원을 체계적으로 관리하는 것이다. 인적 자원 관리 중 '확보 관리'는 채용, 승진, 퇴직 등의 인사이동을 관리하는 것이다. '개발 관리'는 근로자의 교육, 훈련, 경력 등을 관리하는 것이며 '보상 관리'는 근로자의 임금 및 보상, 복지 후생* 을 관리하는 것이다.

* 복지 후생 : 생활을 넉넉하고 편안하게 하는 일 (≒복리 후생)

어휘 이해

한국어	영어	모국어
생산성	productivity	
채용	recruitment	
승진	promotion	
퇴직	retirement	
인사이동	change in personnel	

한국어	뜻	예시
생산성	생산하는 데 들어간 비용과 그에 따른 생산량의 비율	· 생산성 증가 ↔ 감소 · 생산성이 높다 ↔ 낮다 · 생산성이 향상되다 ↔ 저하되다
채용	사람을 뽑아서 씀	· 채용하다 · 채용되다 · 채용 절차
승진	직장에서 지금보다 더 높은 자리에 오름	· 승진하다 · 승진 시험 · 고속 승진
퇴직	현재 직업이나 직무에서 물러남	· 퇴직하다 · 권고 퇴직 · 퇴직 급여
인사이동	조직에서 지위나 부서를 바꾸는 것	· 인사이동을 하다 · 인사이동이 되다 · 인사이동이 있다

어휘 발전

❍ 빈칸에 들어갈 공통된 어휘를 써 보세요.

1.

□□□□을 하다	□□□□이 되다
□□□□이 있다	□□□□ 기간

2.

□□□이 높다	□□□이 향상되다
□□□이 제고되다	□□□ 증가

3.

□□되다	□□하다
□□ 절차	신입사원 □□

4.

명예 □□	□□하다
권고 □□	□□ 급여

정 답 1. 인사이동 2. 생산성 3. 채용 4. 퇴직

어휘 완성

❍ 빈칸에 알맞은 어휘를 〈보기〉에서 찾아 쓰세요.

보기				
채용	퇴직	생산성	인사이동	승진

1. 그는 졸업하자마자 대기업 엔지니어로 (　　　　)되었다.

2. 이번에는 대리에서 과장으로 (　　　　)한 직원들이 많았다.

3. 도시 생활을 정리하고 (　　　　) 후 귀농 생활을 하는 사람이 늘고 있다.

4. 새로 도입된 시스템으로 (　　　　)이/가 높아졌다.

5. 김 대리는 이번 (　　　　)에서 서울 본사에서 지방 영업소로 부서를 옮기게 되었다.

정 답　1. 채용　2. 승진　3. 퇴직　4. 생산성　5. 인사이동

신문 기사를 읽어 봅시다

NEWS

인력난, 신입 사원 대거 채용

신입 사원 채용에 나선 기업들이 증가하고 있다. 현재 많은 기업들이 인력난에 직면하고 있어 새로운 인재를 모집하는 데 주력하고 있다. 경쟁이 치열한 채용 시장에서는 기존의 채용 전략을 개선하고 유연한 인재 유치 방안을 모색하고 있다.…

김한국 기자

02 직무 관리

조직 구성원은 각자 직무를 담당하게 된다. 경리 사원은 회계 관련 직무를 수행하지만, 영업 사원은 판매 관련 직무를 맡게 된다. 이처럼 주어진 직무를 분석, 설계, 평가하는 것을 직무 관리라고 한다. 직무 관리를 위해 먼저 직무 분석이 이루어져야 한다. 이를 위해 직무 기술서*를 작성한다. 직무 분석 후에는 직무 수행에 필요한 역량을 분석하여 인적 자원을 선발하고 배치한다. 그리고 배치된 인적 자원은 직무 수행에 따라 평가와 보상을 받게 된다.

* 직무 기술서 : 어떠한 직무에 대해 직무의 내용 등을 정리, 기록한 문서

어휘 이해

한국어	영어	모국어
경리	finance	
회계	accounting	
역량	competencies	
선발	selection	
배치	deployment	

한국어	뜻	예시
경리	돈이나 물건을 내주고 받는 일, 그런 일을 맡은 부서나 사람	· 경리 담당 · 경리 부서 · 경리를 맡다
회계	나가고 들어오는 돈을 계산함	· 회계사 · 회계 절차 · 회계를 검토하다
역량	어떤 일을 해낼 수 있는 힘과 능력	· 역량이 있다 ↔ 없다 · 역량이 부족하다 · 역량을 가꾸다
선발	여럿 가운데에서 골라서 뽑음	· 선발 기준 · 선발하다 · 선발되다
배치	사람이나 물건 등을 알맞은 자리에 놓음	· 인력 배치 · 배치하다 · 배치되다

어휘 발전

❍ 빈칸에 들어갈 공통된 어휘를 써 보세요.

1.

□□사	□□를 검토하다	
□□ 감사		□□ 절차

2.

인력 □□	□□하다	
□□ 시험		□□되다

3.

□□이 있다	□□이 부족하다	
□□을 가꾸다		□□을 발휘하다

4.

□□되다	□□ 기준	
□□ 인원		□□하다

정 답 1. 회계 2. 배치 3. 역량 4. 선발

어휘 완성

❍ 빈칸에 알맞은 어휘를 〈보기〉에서 찾아 쓰세요.

보기				
회계	역량	선발	배치	경리

1. 회사는 신입 사원 (   ) 인원을 늘려 작년보다 열 명 더 뽑기로 했다.

2. 그 회사는 교육을 통해 직원들의 (   )을/를 향상시켰다.

3. (   )팀은 감사를 대비해 장부를 철저하게 검토했다.

4. (   ) 업무를 맡는 사람은 꼼꼼한 성격과 빠른 계산 능력이 필요하다.

5. 직무를 파악하여 직원들을 적재적소에 (   )했다.

정 답 1. 선발 2. 역량 3. 회계 4. 경리 5. 배치

신문 기사를 읽어 봅시다

NEWS

경력 직원 선발 기준, 불투명

A기업의 경력직 채용 과정에서 특정 지원자가 기준이 미달됨에도 채용되는 일이 발생해 채용 비리 의혹이 커지고 있다. 이러한 문제를 해소하기 위해서 A기업은 채용 절차를 더욱 강화하고, 기준을 일관되게 적용해야 한다. 또한, 내부 감사 체계를 강화하여 채용 과정에서의 부정행위를 사전에 방지해야 한다는 의견이 제기되고 있다.…

김한국 기자

03 인사 고과

조직에서 직무를 수행할 때 필요한 능력이나 태도는 사람마다 다르다. 조직 구성원의 장래성을 고려하여 능력과 적성 등을 객관적으로 평가하는 것을 '인사 고과'라고 한다. 기업은 인사 고과를 통해 구성원의 능력을 개발시키고 생산성을 향상시킨다. 그리고 공정한 인사 평가와 공정한 임금을 지불한다. 조직 구성원은 인사 고과로 경력을 개발하고 자기를 평가한다. 이처럼 인사 고과는 기업과 구성원의 목표 간 조화를 이룰 수 있도록 해 준다.

어휘 이해

한국어	영어	모국어
장래성	prospects	
인사 고과	performance assessment	
개발	development	
지불	payment	
경력	career	

한국어	뜻	예시
장래성	기업이 장기적으로 성과를 창출할 수 있는 능력, 전망	· 장래성을 보다 · 장래성이 있다 ↔ 없다 · 장래성이 크다 ↔ 적다
인사 고과	기업이 직원들의 성과를 평가하여 보상이나 승진 등의 결정을 내리는 과정	· 인사 고과 점수 · 인사 고과를 받다 · 인사 고과에 반영하다
개발	기업이나 개인의 능력, 기술, 지식을 향상시키는 활동	· 재능 개발 · 개발하다 · 개발되다
지불	기업이 자원, 제품, 서비스 등에 대한 대가를 지급하는 것	· 임금 지불 · 지불하다 · 지불되다
경력	개인이나 조직이 특정 분야에서 쌓은 경험과 업무 성과	· 경력 사원 · 경력을 쌓다 · 경력이 있다 ↔ 없다

어휘 발전

❍ 빈칸에 들어갈 공통된 어휘를 써 보세요.

1.

□□하다	능력 □□
재능 □□	□□되다

2.

□□사원	□□을 쌓다
□□이 화려하다	□□이 있다

3.

□□하다	임금 □□
□□을 미루다	□□되다

4.

□□□이 있다	□□□이 크다
□□□이 유망하다	□□□을 보다

정 답 1. 개발 2. 경력 3. 지불 4. 장래성

어휘 완성

❍ 빈칸에 알맞은 어휘를 〈보기〉에서 찾아 쓰세요.

보기				
장래성	지불	개발	경력	인사 고과

1. 신입 사원 능력 (　　　)을/를 위해 정기적인 연수를 실시하고 있다.

2. (　　　) 점수가 나쁜 사람들은 그렇지 않은 사람에 비해 빨리 해고될 수 있다.

3. 외국에서 근무한 (　　　)이/가 있는 지원자에게는 영어 시험을 면제해 준다.

4. 회사에서 임금을 제때 (　　　)하지 않자 근로자들은 파업을 하기로 했다.

5. 그 회사는 대기업은 아니지만 (　　　)이/가 높은 회사여서 지원자들이 많았다.

정 답　1. 개발　2. 인사 고과　3. 경력　4. 지불　5. 장래성

신문 기사를 읽어 봅시다

NEWS

지금은 디지털 시대, 코딩 배우기 '열풍'

IT 산업의 발전과 디지털 시대의 도래로 인해 코딩에 대한 관심이 높아지고 있다. 이에 따라 비전공자들도 코딩 교육을 통해 소프트웨어 개발, 웹 디자인, 데이터 분석 등 다양한 분야에서 경력을 쌓으려는 움직임이 확산되고 있다.…

김한국 기자

6과 마무리

전공 교재 미리 보기 [인적 자원]

인적 자원 관리는 기업의 생산성을 높이기 위해 조직 구성원을 체계적으로 관리하는 것이다. 인적 자원 관리 중 '확보 관리'는 채용, 승진, 퇴직 등의 인사이동을 관리하는 것이다. '개발 관리'는 근로자의 교육, 훈련, 경력 등을 관리하는 것이며 '보상 관리'는 근로자의 임금 및 보상, 복지 후생을 관리하는 것이다.

조직 구성원은 각자 직무를 담당하게 된다. 경리 사원은 회계 관련 직무를 수행하지만, 영업 사원은 판매 관련 직무를 맡게 된다. 이처럼 주어진 직무를 분석, 설계, 평가하는 것을 직무 관리라고 한다. 직무 관리를 위해 먼저 직무 분석이 이루어져야 한다. 이를 위해 직무 기술서를 작성한다. 직무 분석 후에는 직무 수행에 필요한 역량을 분석하여 인적 자원을 선발하고 배치한다. 그리고 배치된 인적 자원은 직무 수행에 따라 평가와 보상을 받게 된다.

조직에서 직무를 수행할 때 필요한 능력이나 태도는 사람마다 다르다. 조직 구성원의 장래성을 고려하여 능력과 적성 등을 객관적으로 평가하는 것을 '인사 고과'라고 한다. 기업은 인사 고과를 통해 구성원의 능력을 개발시키고 생산성을 향상시킨다. 그리고 공정한 인사 평가와 공정한 임금을 지불한다. 조직 구성원은 인사 고과로 경력을 개발하고 자기를 평가한다. 이처럼 인사 고과는 기업과 구성원의 목표 간 조화를 이룰 수 있도록 해 준다.

※ 다음을 읽고 맞는 것은 O, 틀린 것은 X를 하세요.

1. 조직 구성원을 체계적으로 관리하면 기업의 생산성이 좋아진다. (O / X)

2. '개발 관리'는 인사이동을 관리하는 것이다. (O / X)

3. '인사 고과'는 조직 구성원의 능력과 적성을 주관적으로 평가하는 것이다. (O / X)

4. 인사 고과를 통해 구성원들은 자기 개발을 할 수 있다. (O / X)

정답 1. O 2. X 3. X 4. O

07

마케팅

1. 마케팅의 개념
2. 마케팅의 역할
3. 마케팅의 과정

01 마케팅의 개념

마케팅은 Market(시장)과 ing(활동)이 합쳐진 것을 말한다. 마케팅은 소비자가 원하는 제품과 서비스를 생산하고, 다양한 유통 과정을 통해 소비자의 욕구를 충족하는 활동까지 포함한다. 최근에는 소비자의 욕구와 공공복리를 모두 유지하면서 고객에게 가치를 전달하는 사회적 마케팅 개념으로 변화하고 있다.

어휘 이해

한국어	영어	모국어
제품	product	
유통	distribution	
공공복리	public welfare	
가치	value	
사회적 마케팅	social marketing	

한국어	뜻	예시
제품	만든 물건	· 가죽 제품 · 제품을 생산하다 · 제품을 판매하다
유통	상품이 생산자에게서 소비자에게 이르기까지 여러 단계에서 거래되는 활동	· 상품의 유통 · 유통 과정 · 유통을 하다
공공복리	사회 구성원 전체에 두루 관계되는 이익	· 공공복리 정책 · 공공복리를 증진하다 · 공공복리에 기여하다
가치	값이나 귀중한 정도	· 상품 가치 · 가치가 높다 · 가치가 떨어지다
사회적 마케팅	사회적, 공공의 선의 목표를 함께 달성하는 마케팅	· 사회적 마케팅 사례 · 사회적 마케팅 개념 · 사회적 마케팅 개념

어휘 발전

❍ 빈칸에 들어갈 공통된 어휘를 써 보세요.

1.

가죽 □□	□□을 판매하다
□□을 생산하다	좋은 □□

2.

상품 □□	□□가 떨어지다
□□가 높다	투자 □□

3.

□□ 과정	상품의 □□
□□ 수수료	□□을 하다

4.

□□□□ 정책	□□□□를 증진하다
□□□□에 기여하다	□□□□ 의미

정 답 1. 제품 2. 가치 3. 유통 4. 공공복리

어휘 완성

❍ 빈칸에 알맞은 어휘를 〈보기〉에서 찾아 쓰세요.

보 기

제품　　유통　　공공복리　　가치　　사회적 마케팅

1. 유통기한이 임박한 제품은 상품 (　　　)이/가 떨어지기 마련이다.

2. 겨울에 수영복을 사면 저렴한 가격에 질 좋은 (　　　)을/를 구매할 수 있다.

3. 사회적, 공공의 선의 목표를 함께 달성하는 마케팅을 (　　　)(이)라고 한다.

4. 이 옷은 (　　　) 수수료가 많이 붙어서 원가에 비해 비싼 편이다.

5. 나는 여러 사람들에게 도움이 되도록 (　　　)에 기여하는 일을 맡고 싶다.

정 답　1. 가치　2. 제품　3. 사회적 마케팅　4. 유통　5. 공공복리

신문 기사를 읽어 봅시다

NEWS

유통 과정 줄인 가성비 'PB상품'이 뜬다!

고물가 시대에 유통 과정을 줄인 PB 상품이 뜨고 있다. PB 상품은 Private Brand 상품의 약자로 대형 소매업자들이 제작한 자체 브랜드 상품이다. 이 상품은 유통 과정을 줄여 상품의 가격을 낮췄다.…

김한국 기자

02 마케팅의 역할

기업은 제품이나 서비스를 만들기 전에 고객 요구와 시장을 분석한다. 이를 바탕으로 고객 지향적 마케팅 전략을 설계한다. 그리고 목표 고객을 대상으로 마케팅 믹스(Marketing Mix)와 같은 통합적 마케팅 프로그램을 개발한 후 마케팅 활동을 실행한다. 이때 수익성이 있는 고객 관계 관리를 구축한다.* 이를 통해 기업은 이윤과 기업 가치를 창출할 수 있을 뿐만 아니라 고객의 가치와 만족을 충족시켜 줄 수 있다. 여기에서 기업은 기업 가치를 보상받는다.

* 구축하다 : 어떤 일을 하기 위한 기초, 체계를 만듦

어휘 이해

한국어	영어	모국어
목표 고객	target custome	
마케팅 믹스	marketing mix	
수익성	profitability	
창출	creation	
보상	compensation	

한국어	뜻	예시
목표 고객	마케팅 활동에 가장 강한 반응을 일으키는 집단이나 사람	· 목표 고객 설정 · 목표 고객의 중요성 · 목표 고객을 정하다
마케팅 믹스	제품에 사용된 모든 마케팅 전략	· 마케팅 믹스 개념 · 마케팅 믹스 예시 · 마케팅 믹스 성공 사례
수익성	이익을 얻을 수 있는 정도	· 수익성이 낮다 ↔ 높다 · 수익성이 좋다 · 수익성을 보장하다
창출	없던 것을 새로 만들어 냄	· 고용 창출 · 일자리 창출 · 창출하다/되다
보상	어떤 일이나 수고 또는 받은 은혜에 대한 대가로 갚음	· 노력의 보상 · 보상을 하다/받다 · 보상으로 받다

어휘 발전

❍ 빈칸에 들어갈 공통된 어휘를 써 보세요.

1.

고용 □□	경쟁력 □□ 방안
일자리 □□	□□하다

2.

노력의 □□	□□으로 받다
□□을 하다	□□을 기대하다

3.

□□□이 낮다	□□□을 보장하다
□□□이 좋다	□□□을 예측하다

4.

□□ □□ 설정	□□ □□의 중요성
□□ □□을 정하다	□□ □□ 관리

정 답 1. 창출 2. 보상 3. 수익성 4. 목표 고객

어휘 완성

❍ 빈칸에 알맞은 어휘를 〈보기〉에서 찾아 쓰세요.

보기				
목표 고객	마케팅 믹스	수익성	창출	보상

1. 우리 회사는 (   )이/가 낮은 사업은 폐지하기로 결정했다.

2. 올해 우리 회사에서는 일자리 (   )에 기여하고자 신입 사원을 많이 뽑기로 했다.

3. (   )을/를 잘 설정할수록 판매율이 높아진다.

4. 김 대리는 회사에서 열심히 일한 (   )(으)로 상여금을 받았다.

5. 제품에 사용된 모든 마케팅 전략을 (   )(이)라고 한다.

정 답 1. 수익성 2. 창출 3. 목표 고객 4. 보상 5. 마케팅 믹스

신문 기사를 읽어 봅시다

NEWS

'광고부터 판매까지' AI 마케팅으로 수익 창출

A회사는 AI 마케팅를 활용하여 광고와 판매를 대행하고 있다. 현재 이 회사는 AI 마케팅으로 수익을 창출하고 있으며, 매출도 기존보다 30% 증가하였다고 한다.…

김한국 기자

03 마케팅의 과정

마케팅 믹스에는 제품 및 서비스, 가격, 유통, 촉진 전략이 있다. 제품 및 서비스는 제품의 수준, 브랜드, 포장, 신제품 개발 등이 있다. 이 중 브랜드는 판매자에게 제품과 서비스를 경쟁자의 것과 구별해 주는 전략이 된다. 가격은 즉각적인 효과를 낼 수 있는 마케팅 전략으로 원가, 수요, 경쟁에 기반하여* 결정된다. 유통의 경우, 제품을 생산자로부터 최종 소비자인 고객에게 전달하는 과정이다. 촉진은 고객이 될 수 있는 사람들에게 적절한 정보를 제공하는 것으로, 광고, 판매 촉진 등이 있다.

* 기반하다 : 어떤 것의 바탕이나 기준이 됨

어휘 이해

한국어	영어	모국어
브랜드	brand	
신제품	new product	
원가	cost of production	
광고	advertisement	
판매	sale	

한국어	뜻	예시
브랜드	상품의 이름	· 유명 브랜드 · 브랜드 인지도 · 브랜드가 유명하다
신제품	새로 만든 제품	· 신제품 개발 · 신제품 출시 · 신제품이 나오다
원가	상품을 만들어서 팔기까지의 과정에 들어간 모든 비용	· 원가가 싸다 · 원가를 정하다 · 원가로 정리하다
광고	널리 알림	· 신문 광고 · 상품 광고 · 광고를 하다
판매	상품을 팖	· 할인 판매 · 판매 가격 · 판매가 부진하다

어휘 발전

❍ 빈칸에 들어갈 공통된 어휘를 써 보세요.

1.

- □□가 싸다
- □□로 정리하다
- □□를 정하다
- □□가 오르다

2.

- 예약 □□
- 할인 □□
- □□ 가격
- □□가 부진하다

3.

- □□□ 광고
- □□□가 유명하다
- 유명 □□□
- □□□ 인지도

4.

- □□□ 출시
- □□□ 개발
- □□□ 광고
- □□□이 나오다

정 답 1. 원가 2. 판매 3. 브랜드 4. 신제품

어휘 완성

❍ 빈칸에 알맞은 어휘를 〈보기〉에서 찾아 쓰세요.

보 기

브랜드 신제품 원가 광고 판매

1. 이번에 새로 나온 ( )은/는 기존의 것보다 기능은 더 좋아지고 가격은 더 저렴해졌다.

2. 공장의 기계화는 노동자에 대한 임금을 줄여서 ( )을/를 감소시켰다.

3. A회사는 ( )이/가 부진한 제품의 생산을 중단했다.

4. 우리 회사는 제품 홍보를 위해 텔레비전과 라디오를 통해 ( )을/를 할 생각이다.

5. 소비자들은 품질에 상관없이 선호하는 ( )만 보고 상품을 구입하기도 한다.

정 답 1. 신제품 2. 원가 3. 판매 4. 광고 5. 브랜드

신문 기사를 읽어 봅시다

NEWS

200만원 M냉장고, 원가 얼마? 엄청난 수익 비결

최근 시장 조사 업체에 따르면 M냉장고의 생산 비용은 50만 원대 수준이지만 판매 가격은 200만 원대에 달하는 것으로 조사되었다. 이처럼 원가의 4배가 되는 판매 가격으로 M냉장고 회사는 엄청난 수익을 내고 있다.…

정하리 기자

7과 마무리

전공 교재 미리 보기 〔마케팅〕

마케팅은 Market(시장)과 ing(활동)이 합쳐진 것을 말한다. 마케팅은 소비자가 원하는 제품과 서비스를 생산하고, 다양한 유통 과정을 통해 소비자의 욕구를 충족하는 활동까지 포함한다. 최근에는 소비자의 욕구와 공공복리를 모두 유지하면서 고객에게 가치를 전달하는 사회적 마케팅 개념으로 변화하고 있다.

기업은 제품이나 서비스를 만들기 전에 고객 요구와 시장을 분석한다. 이를 바탕으로 고객 지향적 마케팅 전략을 설계한다. 그리고 목표 고객을 대상으로 마케팅 믹스(Marketing Mix)와 같은 통합적 마케팅 프로그램을 개발한 후 마케팅 활동을 실행한다. 이때 수익성이 있는 고객 관계 관리를 구축한다. 이를 통해 기업은 이윤과 기업 가치를 창출할 수 있을 뿐만 아니라 고객의 가치와 만족을 충족시켜 줄 수 있다. 여기에서 기업은 기업 가치를 보상받는다.

마케팅 믹스에는 제품 및 서비스, 가격, 유통, 촉진 전략이 있다. 제품 및 서비스는 제품의 수준, 브랜드, 포장, 신제품 개발 등이 있다. 이중 브랜드는 판매자에게 제품과 서비스를 경쟁자의 것과 구별해 주는 전략이 된다. 가격은 즉각적인 효과를 낼 수 있는 마케팅 전략으로 원가, 수요, 경쟁에 기반하여 결정된다. 유통의 경우, 제품을 생산자로부터 최종 소비자인 고객에게 전달하는 과정이다. 촉진은 고객이 될 수 있는 사람들에게 적절한 정보를 제공하는 것으로, 광고, 판매 촉진 등이 있다.

※ 다음을 읽고 맞는 것은 O, 틀린 것은 X를 하세요.

1. 최근 마케팅의 개념은 제품과 서비스 생산뿐만 아니라 공공복리를 유지하는 것까지 포함한다. (O / X)

2. 기업은 제품을 생산한 후에 고객 요구를 조사한다. (O / X)

3. 마케팅 믹스를 통해 기업은 이윤과 기업 가치를 창출할 수 있다. (O / X)

4. 브랜드는 마케팅에서 즉각적인 효과를 낼 수 있는 전략이다. (O / X)

정답 1. O 2. X 3. O 4. X

08

글로벌 경영

1. 세계 경제 환경 변화
2. 자유 무역 체제(WTO)와 경제 블록
3. 글로벌 경영의 장단점

01 세계 경제 환경 변화

교통과 통신 수단의 발달로 빠르게 세계화에 접어들면서 한 국가의 경제 상황은 그 국가에만 국한되지* 않고 다른 나라에도 영향을 주게 되었다. 기업은 빠른 세계 경제 상황에 대응하기** 위해 소비자의 요구에 맞는 다양하고 고급화된 제품을 생산하고 수출해야 한다. 또한 다른 블록 경제들과 교역을 확대해 수출을 늘리는 것도 필요하다. 그리고 환율 변동에 대응하기 위한 환위험 전략을 마련해 손실을 대비하고 이익을 실현해야 한다.

---

* 국한되다 : 일정한 부분이나 정도에 한정됨

** 대응하다 : 어떤 일이나 상황에 맞게 행동함

어휘 이해

한국어	영어	모국어
세계화	globalization	
수출	export	
환율	exchange rate	
환위험	exchange risk	
블록 경제	bloc economy	

한국어	뜻	예시
세계화	세계가 국경을 초월해 경제, 문화적 상호작용이 활발하게 일어나는 현상	· 세계화하다 · 세계화 현상 · 세계화 추세
수출	기업이 자국에서 생산한 상품이나 서비스를 외국에 판매하는 것	· 수출품 · 수출하다 · 수출되다
환율	한 국가의 통화를 다른 국가의 통화로 교환할 때의 비율	· 환율 변동 · 환율 상승 ↔ 하락 · 환율 급등 ↔ 급락
환위험	환율의 변동에 의해 발생하는 위험	· 환위험 관리 · 환위험을 제거하다 · 환위험에 노출되다
블록 경제	몇 개 지역을 하나로 통합해 무역 정책을 취하는 경제권	· 블록 경제 현상 · 세계 블록 경제 형성 · 경제 블록화

어휘 발전

❍ 빈칸에 들어갈 공통된 어휘를 써 보세요.

1.

- □□ 상승
- □□ 변동
- □□을 계산하다
- □□ 급등

2.

- □□□ 하다
- □□□ 현상
- □□□ 시대
- □□□ 추세

3.

- □□품
- □□하다
- □□액
- □□되다

4.

- □□□ 관리
- □□□에 노출되다
- □□□을 방어하다
- □□□을 제거하다

정 답 1. 환율 2. 세계화 3. 수출 4. 환위험

어휘 완성

❍ 빈칸에 알맞은 어휘를 〈보기〉에서 찾아 쓰세요.

보 기				
세계화	수출	환율	환위험	경제 블록

1. 수출 기업들은 (   )이/가 발생했을 때 은행의 도움을 받는다.

2. (   )이/가 급락해서 무역회사들이 어려움을 겪고 있다.

3. 몇 개 지역을 하나로 통합하여 봉쇄적인 무역 정책을 취하는 경제권을 (   )(이)라고 한다.

4. 이 회사는 국내의 농산물을 다른 나라에 (   )해서 수익을 내고 있다.

5. (   ) 추세에 맞춰 다른 나라와의 교류가 급속하게 증가하고 있다.

정 답 1. 환위험 2. 환율 3. 경제 블럭 4. 수출 5. 세계화

신문 기사를 읽어 봅시다

NEWS

1인 가구를 겨냥한 스피커, 해외 수출 임박

1인 가구의 증가에 맞춰 A기업에서는 1인 가구를 위한 새로운 스피커를 개발하였다. 이 제품은 1인 가구의 공간 제약과 소비자 편의를 고려하여 개발되었는데, 국내 시장뿐만 아니라 해외에서도 수요가 높아 수출 계획이 진행 중이라고 밝혔다.…

김한국 기자

02 자유 무역 체제(WTO)와 경제 블록

세계적으로 교역량이 증가로 인해 자유 무역 체제인 WTO(World Trade Organization)가 나타나면서 시장 개방이 활발해졌다. 관세를 낮추거나 규제를 완화하면서 나라 간의 무역이 쉬워졌고 교역량도 증가했다. 또한 경제 블록도 설정하여 지리적으로 가깝거나 경제적으로 상호 의존도가 높은 국가들은 공동의 이익을 실현하기 위해 경제 블록을 만들었다. 회원국 간에는 경제 통합으로 인해 자유 무역이 가능해 무역이 증가하지만, 비회원국에게는 차별적인 관세를 부과하는* 배타적**인 태도를 보인다. 대표적인 경제 블록은 유럽 연합(EU), 북미 자유 무역 협정(NAFTA)이 있다.

---

* 부과하다 : 세금을 매기어 내게 함

** 배타적 : 남을 배척하고 멀리하는 것

어휘 이해

한국어	영어	모국어
관세	duty	
규제	regulation	
무역	trade	
교역	commerce	
이익	profit	

한국어	뜻	예시
관세	수입, 수출되는 상품에 대해 정부가 부과하는 세금	· 관세를 내다 · 관세를 물다 · 관세를 올리다 ↔ 내리다
규제	정부나 기관이 경제 활동을 통제하고 조절하기 위해 정한 규칙	· 규제 대상 · 규제하다 · 규제가 심하다 ↔ 약하다
무역	국가나 지역 간의 상품이나 서비스의 교환	· 무역 회사 · 무역 거래 · 무역을 하다
교역	상품이나 서비스를 주고받는 행위	· 교역 관계 · 교역하다 · 교역이 증가하다 ↔ 감소하다
이익	비즈니스나 경제 활동에서 얻는 금전적인 이득	· 불이익 · 이익이 되다 · 이익이 늘다 ↔ 줄다

어휘 발전

❍ 빈칸에 들어갈 공통된 어휘를 써 보세요.

1.

- □□회사
- □□을 하다
- □□거래
- □□이 활발하다

2.

- 불□□
- □□이 남다
- □□이 늘다
- □□이 되다

3.

- □□ 관계
- □□하다
- □□량
- □□이 증가하다

4.

- □□를 물다
- □□를 내다
- □□가 붙다
- □□를 내리다

정 답	1. 무역	2. 이익	3. 교역	4. 관세

어휘 완성

❍ 빈칸에 알맞은 어휘를 〈보기〉에서 찾아 쓰세요.

보 기				
교역	이익	규제	무역	관세

1. 해외에서 구매한 물건은 일정 가격이 넘으면 (   )을/를 내야 한다.

2. 한국은 소비자를 보호하기 위해 독점을 (   )하는 법이 있다.

3. 민감한 정치적 문제가 발생하자 두 국가 간의 (   )이/가 중단되었다.

4. 모든 기업은 (   )을/를 최대화하기 위해 경영 전략을 세운다.

5. 최근 수입과 수출이 증가하면서 국가 간의 (   )이/가 활발해졌다.

정 답 1. 관세 2. 규제 3. 교역 4. 이익 5. 무역

신문 기사를 읽어 봅시다

NEWS

국제 무역 체계 개편 '주목'

정부는 지난주 17일 국제 무역 협력을 강화하기 위한 체계 개편을 발표했다. 새로운 협력 체계는 다양한 국가와의 협력을 강화하고, 국제 무역에 대한 장벽을 줄이는 것을 목표로 한다. 이를 통해 국내 기업들은 더욱 다양한 시장에 진출하고 수출 기회를 확대할 수 있게 될 것으로 기대되는데….

김한국 기자

03 글로벌 경영의 장단점

글로벌 경영은 국경을 초월해* 기업들이 전 세계를 대상으로 거래와 투자를 하는 활동이다. 기업의 글로벌 경영으로 인해 국제 무역과 투자 활동도 더욱 활발해졌다.

글로벌 경영의 장점은 노동 임금, 원자재 절약 등을 통한 비용 절감이 가능하다는 것이다. 또한 소수**의 제품과 프로그램에 집중해 상품 및 서비스의 질을 높여 고객의 충성도를 높이는 데 도움을 줄 수 있다. 반면에 전 세계를 대상으로 경영 활동을 하기 때문에 관리 비용이 증가하는 문제점을 가지고 있다. 또한 현지 사정을 고려하지 못한 표준화된 마케팅 전략으로 사회 문화적인 문제를 일으키는 경우도 있다.

---

* 초월하다 : 현실적이고 정상적인 한계를 뛰어넘음
** 소수 : 적은 수

어휘 이해

한국어	영어	모국어
국경	national borders	
투자	investment	
원자재	raw materials	
절감	cost reduction	
현지	local	

한국어	뜻	예시
국경	한 나라와 다른 나라를 나누는 경계	· 국경선 · 국경을 넘다 · 국경이 접하다
투자	돈, 시간, 노력 등을 어떤 목적을 위해 투입	· 투자자 · 투자하다 · 투자를 결정하다
원자재	어떤 것을 만들기 위해 필요한 가공되지 않은 천연 자원이나 재료	· 원자재 가격 · 원자재를 수입하다 · 원자재를 납품하다
절감	비용이나 자원을 줄임	· 비용 절감 · 절감하다 · 절감되다
현지	일을 실제로 진행하거나 작업하는 특정한 지역이나 장소	· 현지인 · 현지 상황 · 현지를 방문하다

어휘 발전

❍ 빈칸에 들어갈 공통된 어휘를 써 보세요.

1.

- □□자
- □□ 자금
- □□하다
- □□를 결정하다

2.

- □□되다
- 비용 □□
- □□하다
- 원가 □□

3.

- □□□ 가격
- □□□를 구매하다
- □□□를 납품하다
- □□□를 수입하다

4.

- □□선
- □□을 접하다
- □□을 초월하다
- □□을 넘다

정 답 1. 투자 2. 절감 3. 원자재 4. 국경

어휘 완성

❍ 빈칸에 알맞은 어휘를 〈보기〉에서 찾아 쓰세요.

보 기				
투자	원자재	절감	국경	현지

1. B기업은 (　　　　)을/를 뛰어넘어 세계 최고의 기업이 되겠다는 목표가 있다.

2. 그는 무리하게 주식에 (　　　　)해서 큰 손실이 생겼다.

3. 그는 판매 (　　　　)에 파견되어 상품에 대한 고객들의 반응을 조사하고 있다.

4. A기업은 인건비 (　　　　)을/를 위해 로봇을 도입했다.

5. (　　　　) 공급이 끊기면서 물건을 생산하지 못하게 되었다.

정 답　1. 국경　2. 투자　3. 현지　4. 절감　5. 원자재

신문 기사를 읽어 봅시다

NEWS

비용 절감 위해 서비스 축소 '빈축'

계속되는 불경기에 A기업은 비용을 절감하기 위해 서비스 축소에 나섰다. 이에 따라 좌석 간격의 축소, 간편한 식사 제공, 추가 유료 서비스가 도입되어 고객들의 불만이 제기되고 있다. 항공 비용은 올랐으나 기존에 제공되던 서비스의 질이 하락되었다는 게 그 이유이다.…

김한국 기자

8과 마무리

전공 교재 미리 보기 〔글로벌 경영〕

교통과 통신 수단의 발달로 빠르게 세계화에 접어들면서 한 국가의 경제 상황은 그 국가에만 국한되지 않고 다른 나라에도 영향을 주게 되었다. 기업은 빠른 세계 경제 상황에 대응하기 위해 소비자의 요구에 맞는 다양하고 고급화된 제품을 생산하고 수출해야 한다. 또한 다른 경제 블록들과 교역을 확대해 수출을 늘리는 것도 필요하다. 그리고 환율 변동에 대응하기 위한 환위험 전략을 마련해 손실을 대비하고 이익을 실현해야 한다.

세계적으로 교역량이 증가로 인해 자유 무역 체제인 WTO (World Trade Organization)가 나타나면서 시장 개방이 활발해졌다. 관세를 낮추거나 규제를 완화하면서 나라 간의 무역이 쉬워졌고 교역량도 증가했다. 또한 경제 블록도 설정하여 지리적으로 가깝거나 경제적으로 상호 의존도가 높은 국가들은 공동의 이익을 실현하기 위해 경제 블록을 만들었다. 회원국 간에는 경제 통합으로 인해 자유 무역이 가능해 무역이 증가하지만, 비회원국에게는 차별적인 관세를 부과하는 배타적인 태도를 보인다. 대표적인 경제 블록은 유럽 연합(EU), 북미 자유 무역 협정(NAFTA)이 있다.

글로벌 경영은 국경을 초월해 기업들이 전 세계를 대상으로 거래와 투자를 하는 활동이다. 기업의 글로벌 경영으로 인해 국제 무역과 투자 활동도 더욱 활발해졌다.

글로벌 경영의 장점은 노동 임금, 원자재 절약 등을 통한 비용 절감이 가능하다는 것이다. 또한 소수의 제품과 프로그램에 집중해 상품 및 서비스의 질을 높여 고객의 충성도를 높이는 데 도움을 줄 수 있다. 반면에 전 세계를 대상으로 경영 활동을 하기 때문에 관리 비용이 증가하는 문제점을 가지고 있다. 또한 현지 사정을 고려하지 못한 표준화된 마케팅 전략으로 사회 문화적인 문제를 일으키는 경우도 있다.

※ 다음을 읽고 맞는 것은 O, 틀린 것은 X를 하세요.

1. 세계화는 국가간 경제 상황에도 영향을 주었다. (O / X)

2. WTO가 나타나서 세계화가 진행되었다. (O / X)

3. 경제 블록은 비회원국에게는 차별적인 관세를 부과한다. (O / X)

4. 글로벌 경영은 노동 임금은 저렴하지만 원자재 비용은 많이 든다. (O / X)

정 답 1. O 2. X 3. O 4. O

09

경제 활동

1. 경제 활동 요소
2. 경제 활동의 주체
3. 시장의 실패

01 경제 활동 요소

시장의 가격은 수요와 공급에 의해 결정된다. 수요란 사람들이 어떤 물건이나 노동력을 일정한 가격으로 사려고 하는 욕구이다. 가격이 낮을수록 수요가 증가하고, 가격이 높을수록 수요는 감소한다. 반면, 공급은 어떤 물건이나 노동력을 일정한 가격으로 팔려고 하는 욕구이다. 가격이 낮을수록 수요가 증가하고, 가격이 높을수록 수요는 감소한다. 공급은 가격 외에 물건을 생산하는 데 필요한 비용, 공급자 수의 증가, 경영자의 경영 전략 등 여러 가지 요인이 복합적으로* 작용한다.

* 복합적 : 두 가지 이상이 합쳐 있는 것

어휘 이해

한국어	영어	모국어
수요	demand	
공급	supply	
욕구	desire	
비용	cost	
공급자	supplier	

한국어	뜻	예시
수요	어떤 소비의 대상이 되는 상품에 대한 요구	· 제품의 수요 · 수요와 공급 · 수요가 늘어나다 ↔ 줄어들다
공급	요구나 필요에 따라 물건이나 돈 등을 제공함	· 공급 계약 · 공급이 되다 · 공급이 부족하다
욕구	무엇을 얻거나 무슨 일을 하기를 바라는 것	· 욕구 충족 · 욕구가 생기다 · 욕구를 채우다
비용	어떤 일을 하는 데 드는 돈	· 거래 비용 · 고정 비용 · 비용이 들다
공급자	물건이나 서비스를 공급하는 사람이나 단체	· 물품 공급자 · 공급자와 수요자 · 공급자로 선정되다

어휘 발전

❍ 빈칸에 들어갈 공통된 어휘를 써 보세요.

1.

□□ 충족	□□가 생기다
□□가 크다	□□를 채우다

2.

□□이 들다	고정 □□
거래 □□	□□을 들이다

3.

물품 □□□	수요자와 □□□
□□□로 선정되다	서비스 □□□

4.

□□와 공급	□□가 늘어나다
□□가 줄어들다	제품의 □□

정 답 1. 욕구 2. 비용 3. 공급자 4. 수요

어휘 완성

❍ 빈칸에 알맞은 어휘를 〈보기〉에서 찾아 쓰세요.

보기				
수요	공급	욕구	비용	공급자

1. 요금을 계속 내지 않으면 전기 (　　　　)이/가 중단된다.

2. 우리 회사는 소비자의 다양한 (　　　　)을/를 충족하기 위해 여러 디자인의 제품을 출시했다.

3. 이번에 새로 시작하는 공사에서 우리 회사가 (　　　　)(으)로 선정되었다.

4. (　　　　)와/과 공급이 균형을 이루어야 경제가 안정된다.

5. 우리 회사는 많은 (　　　　)을/를 들여 신제품을 개발하였다.

정 답　1. 공급　2. 욕구　3. 공급자　4. 수요　5. 비용

신문 기사를 읽어 봅시다

NEWS

코로나 이후 해외여행 수요 폭발, 공급은 아직...

코로나(Covid-19) 영향이 끝난 직후 해외여행객의 수요가 폭발하고 있다. 반면에 여행사나 항공사에서는 여행객의 수요를 따라가지 못하고 있다. 이에 항공권과 숙박비 가격이 끝을 모르고 치솟고 있다.…

김한국 기자

02 경제 활동의 주체

경제 활동에 참여하는 주체는 가계, 기업, 정부, 외국 등이 있다. 먼저 가계는 주로 재화와 서비스를 소비하고 기업에 생산 요소를 제공한다. 그리고 기업은 주로 재화와 서비스를 생산하는 주체다. 정부는 생산과 소비를 함께 하는 주체로, 가계와 기업에 세금을 거두어* 경제생활의 기반이 되는 공공 서비스, 사회 간접 자본 등을 생산하고 공급한다. 최근에는 세계화로 인해 경제 활동의 주체로 외국의 중요성도 커지고 있다.

* 거두다 : 여러 사람에게서 돈이나 물건을 받아서 모음

어휘 이해

한국어	영어	모국어
주체	main actor	
서비스	service	
요소	element	
공공	being public	
자본	capital	

한국어	뜻	예시
주체	어떤 행동의 중심이 되는 것	· 경제 활동의 주체 · 행동의 주체 · 주체가 되다
서비스	제품을 직접 만들어 내는 것이 아닌 판매, 관광, 금융, 의료 등의 활동	· 의료 서비스 · 서비스 산업 · 서비스를 제공하다
요소	무엇을 이루는 데 반드시 있어야 할 중요한 성분이나 조건	· 구성 요소 · 생산 요소 · 요소를 갖추다
공공	한 국가 또는 사회의 모든 사람에게 관계되는 것	· 공공 도서관 · 공공 서비스 · 공공 복지 제도
자본	경제에서 상품을 만드는 데에 필요한 돈과 생산 수단과 노동력	· 금융 자본 · 자본이 부족하다 · 자본을 마련하다

어휘 발전

❍ 빈칸에 들어갈 공통된 어휘를 써 보세요.

1.

- □□ 재산
- □□ 서비스
- □□ 도서관
- □□ 복지 제도

2.

- 산업 □□
- □□이 부족하다
- 금융 □□
- □□을 마련하다

3.

- □□□ 산업
- 의료 □□□
- □□□ 업체
- □□□를 제공하다

4.

- □□로 나서다
- 경제 활동의 □□
- 학교의 □□
- □□가 되다

정 답	1. 공공	2. 자본	3. 서비스	4. 주체

어휘 완성

❍ 빈칸에 알맞은 어휘를 〈보기〉에서 찾아 쓰세요.

보기				
주체	서비스	요소	공공	자본

1. 의류 사업에서 10대 여학생들이 소비와 판매의 (　　　　)(으)로 나서기 시작했다.

2. 사업을 새로 시작할 때 (　　　　)을/를 마련하는 것이 가장 힘들다.

3. 복지 예산이 증가해 더 많은 사람들이 (　　　　) 복지 제도의 혜택을 보고 있다.

4. 한국은 판매, 관광, 서비스 등의 (　　　　) 산업 비중이 높은 편이다.

5. 경영의 구성 (　　　　)은/는 인적 자원, 자본, 전략 등이 있다.

정 답 1. 주체 2. 자본 3. 공공 4. 서비스 5. 요소

신문 기사를 읽어 봅시다

NEWS

경기 불황,
경제 주체들 뭉쳐
위기 극복해야…

최근 경기 불황으로 우리 경제에 상당한 위기가 닥칠 것으로 예상되고 있다. 이에 정부와 기업을 비롯한 경제 주체들이 하나로 뭉쳐 경제 위기를 극복해야 한다.…

김한국 기자

03 시장의 실패

시장은 수요와 공급의 원리에 따라 시장 가격이 결정된다. 하지만 현실에서는 시장에 의해 자원이 효율적으로 배분되지 못하는 현상이 발생하기도 한다. 이러한 현상을 시장의 실패라고 한다. 시장이 실패하는 이유로는 불완전한 경쟁, 외부 효과, 공공재 등이 있다. 불완전한 경쟁은 독점이나 과점으로 나타나는 것이며, 외부 효과는 환경 오염같이 외부에서 문제가 발생하는 것이다. 공공재는 대가를 지불하지 않은 사람도 사용할 수 있기 때문에 무임승차 문제가 발생한다. 공공재의 대표적인 예로는 국방, 소방 서비스, 가로등 등이 있다.

어휘 이해

한국어	영어	모국어
공공재	public goods	
독점	monopoly	
과점	oligopoly	
대가	reward	
무임승차	free ride(service)	

한국어	뜻	예시
공공재	공동으로 사용하는 물건이나 시설 등	· 공공재 요금 · 공공재 부족 · 공공재 무임승차
독점	개인이나 한 단체가 생산과 시장을 지배하여 이익을 모두 차지함	· 독점 계약 · 독점 판매권 · 독점을 하다
과점	소수의 기업에 의해 시장이 지배되는 상태	· 과점 시장 · 과점 행위 · 과점을 규제하다
대가	어떤 일에 들인 노력에 대한 보수	· 노동의 대가 · 대가를 받다 · 대가를 치르다
무임승차	서비스 이용자가 요금을 내지 않는 상황	· 무임승차 문제 · 무임승차 제도 · 무임승차를 하다

어휘 발전

❍ 빈칸에 들어갈 공통된 어휘를 써 보세요.

1.

□□ 계약	□□ 판매권
□□을 하다	□□이 되다

2.

노동의 □□	□□를 치르다
□□를 요구하다	□□를 받다

3.

□□ 행위	□□을 규제하다
□□ 기업	□□ 시장

4.

□□□□ 제도	□□□□를 하다
□□□□ 문제	공공재 □□□□

정 답	1. 독점	2. 대가	3. 과점	4. 무임승차

어휘 완성

❍ 빈칸에 알맞은 어휘를 〈보기〉에서 찾아 쓰세요.

보 기

공공재 독점 과점 대가 무임승차

1. 소수 기업에서 대부분의 이윤을 얻는 (　　　　)은/는 소비자 보호를 위해 규제된다.

2. A회사는 단독 계약 체결로 국내 출판 시장의 (　　　　) 판매권을 갖게 되었다.

3. 임금은 노동과 교환해서 갖는 (　　　　)(이)다.

4. 공동의 소비를 위해 생산된 재화나 서비스를 (　　　　)(이)라고 한다.

5. 공공재의 (　　　　) 문제를 해결하기 위해서는 공공재 생산 비용에 대한 세금을 부과해야 한다.

정 답 1. 과점 2. 독점 3. 대가 4. 공공재 5. 무임승차

신문 기사를 읽어 봅시다

NEWS

교육 다양성을 위해 경쟁 시장 돼야… 국가 독점 안 돼

교육부 차관이 지난 5일에 열린 교육 포럼에서 "교육을 통해 사회 경쟁력을 키우기 위해 가장 중요한 것은 교육의 다양성"이라고 강조하였다. 교육도 서비스업으로 경쟁 시장의 체제가 되어야 가격이 합리적으로 되기 때문에 국가에서 독점하는 것은 안 되며 ….

김한국 기자

9과 마무리

전공 교재 미리 보기 [경제 활동]

시장의 가격은 수요와 공급에 의해 결정된다. 수요란 사람들이 어떤 물건이나 노동력을 일정한 가격으로 사려고 하는 욕구이다. 가격이 낮을수록 수요가 증가하고, 가격이 높을수록 수요는 감소한다. 반면, 공급은 어떤 물건이나 노동력을 일정한 가격으로 팔려고 하는 욕구이다. 가격이 낮을수록 수요가 증가하고, 가격이 높을수록 수요는 감소한다. 공급은 가격 외에 물건을 생산하는 데 필요한 비용, 공급자 수의 증가, 경영자의 경영 전략 등 여러 가지 요인이 복합적으로 작용한다.

경제 활동에 참여하는 주체는 가계, 기업, 정부, 외국 등이 있다. 먼저 가계는 주로 재화와 서비스를 소비하고 기업에 생산 요소를 제공한다. 그리고 기업은 주로 재화와 서비스를 생산하는 주체다. 정부는 생산과 소비를 함께 하는 주체로, 가계와 기업에 세금을 거두어 경제 생활의 기반이 되는 공공 서비스, 사회 간접 자본 등을 생산하고 공급한다. 최근에는 세계화로 인해 경제 활동의 주체로 외국의 중요성도 커지고 있다.

시장은 수요와 공급의 원리에 따라 시장 가격이 결정된다. 하지만 현실에서는 시장에 의해 자원이 효율적으로 배분되지 못하는 현상이 발생하기도 한다. 이러한 현상을 시장의 실패라고 한다. 시장이 실패하는 이유로는 불완전한 경쟁, 외부 효과, 공공재 등이 있다. 불완전한 경쟁은 독점이나 과점으로 나타나는 것이며, 외부 효과는 환경 오염같이 외부에서 문제가 발생하는 것이다. 공공재는 대가를 지불하지 않은 사람도 사용할 수 있기 때문에 무임승차 문제가 발생한다. 공공재의 대표적인 예로는 국방, 소방 서비스, 가로등 등이 있다.

※ 다음을 읽고 맞는 것은 O, 틀린 것은 X를 하세요.

1. 가격이 낮을수록 수요는 감소하게 된다. (O / X)

2. 경제 활동에는 가계뿐만 아니라 기업, 정부, 외국 등이 참여한다. (O / X)

3. 수요와 공급의 원리에 따라 시장 가격이 결정된다. (O / X)

4. 환경오염같이 외부에서 문제가 발생하는 것을 불완전한 경쟁이라고 한다. (O / X)

정답 1. X 2. O 3. O 4. X

10

국제 금융

1. 금융
2. 환율
3. 국제 수지

01 금융

금융은 수요자와 공급자 사이에 자금이 거래되는 것을 말한다. 금융 시장에서 자금이 원활하게* 융통되기 위해서는 금융 기관이 필요하다. 금융 기관에는 은행, 보험회사, 금융 보조 기관 등이 있다.

금융은 금리나 주식의 가격을 결정한다. 또한 자금의 수요와 공급이 조절될** 수 있도록 도와주는 역할을 한다. 이밖에 수표, 어음, 신용카드, 인터넷 뱅킹 등 다양한 결제 수단을 제공해 편리한 금융 거래를 할 수 있도록 해 준다.

* 원활하다 : 막힌 것이 없이 잘되어 감

** 조절되다 : 상황에 맞게 적절하게 맞춰짐

어휘 이해

한국어	영어	모국어
자금	funds	
융통	liquidity	
수표	check	
어음	bill of exchange	
거래	transaction	

한국어	뜻	예시
자금	특정한 목적을 위해 필요한 돈이나 자원	· 가계 자금 · 자금을 투자하다 · 자금을 각출하다
융통	현금이나 자산을 쉽게 돌려서 씀	· 현금 융통 · 융통하다/되다 · 융통이 쉽다
수표	종이에 적힌 액수의 돈을 은행이 돈처럼 주는 증서	· 공수표 · 수표를 받다 · 수표를 발행하다
어음	채무자가 특정 시기에 일정한 금액을 채권자에게 지불할 것을 약속하는 증권	· 어음이 만기되다 · 어음을 남발하다 · 어음을 발행하다
거래	상품, 서비스, 자산 등을 교환하거나 사고팖	· 대량 거래 · 거래처 · 거래하다/되다

어휘 발전

❍ 빈칸에 들어갈 공통된 어휘를 써 보세요.

1.

현금 □□

□□하다

□□되다

□□성

2.

부도 □□

□□를 받다

공□□

□□를 발행하다

3.

비□□

□□을 투자하다

□□난

□□을 각출하다

4.

□□처

□□하다

□□액

□□되다

정 답	1. 융통	2. 수표	3. 자금	4. 거래

어휘 완성

❍ 빈칸에 알맞은 어휘를 〈보기〉에서 찾아 쓰세요.

보 기				
어음	융통	수표	거래	자금

1. 그 기업은 극심한 (　　　) 문제를 해소하기 위해 직원들의 월급을 내렸다.

2. 그는 사업 자금을 (　　　)하기 위해 은행에서 대출을 받았다.

3. 가게에서 현금 대신 (　　　)을/를 사용하려면 신분증이 필요하다.

4. 두 회사는 (　　　)을/를 하기 위해 계약서를 작성했다.

5. 이번에 (　　　)을/를 막지 못하면 부도가 날 수도 있다.

정 답 1. 자금 2. 융통 3. 수표 4. 거래 5. 어음

신문 기사를 읽어 봅시다

NEWS

부도 위기의 A기업, 자금 융통 물꼬 트다!

최근 부도 위험에 처했던 A기업은 B기업과 새로운 계약을 체결하면서 자금을 융통할 수 있게 되었다. A기업의 주력 상품인 휴대전화 부품을 수출하게 되면서 ….

김한국 기자

02 환율

환율은 나라 간 화폐의 교환 비율을 말한다. 외환 시장에서 환율은 수요와 공급에 의해 결정된다. 물가, 경제 성장률, 통화량, 금리도 환율에 영향을 미친다.

환율의 변동은 경제에 큰 영향을 미친다. 환율이 상승하면 원화의 가치가 하락해 수출품의 가격도 낮아진다. 이에 따라 수출이 증가하고 국내 고용도 늘어나게 된다. 하지만 높은 환율 때문에 자국민의 해외여행은 감소하게 된다. 반면에 환율이 하락하면 수출품의 가격 상승, 수출 감소, 국내 고용 감소가 나타난다.

어휘 이해

한국어	영어	모국어
화폐	money	
외환	foreign exchange	
물가	price level	
통화	currency	
금리	interest rate	

한국어	뜻	예시
화폐	상품이나 서비스를 사고 팔거나 다른 상품과 교환할 때 가치를 매기는 기준	· 화폐 가치 · 화폐 단위 · 화폐를 발행하다
외환	다른 나라와 거래를 할 때 쓰는 어음	· 외환 거래 · 외환이 매매되다 · 외환을 보유하다
물가	물건이나 서비스의 가격 수준	· 물가 상승 ↔ 하락 · 물가 안정 · 물가가 싸다 ↔ 비싸다
통화	한 사회에서 사용하는 화폐	· 예금 통화 · 통화가 유통되다 · 통화를 공급하다
금리	돈을 빌리거나 저축하는 데에 대한 대가로 받는 이자	· 시중 금리 · 고금리 ↔ 저금리 · 금리가 인상되다 ↔ 인하되다

어휘 발전

❍ 빈칸에 들어갈 공통된 어휘를 써 보세요.

1.

- □□ 안정
- □□ 상승
- 고□□
- □□가 비싸다

2.

- 시중 □□
- □□가 인상되다
- 고□□
- 대출 □□

3.

- 예금 □□
- □□를 공급하다
- 국제 □□ 기금
- □□가 유통되다

4.

- □□ 가치
- □□가 순환되다
- □□ 단위
- □□를 발행하다

정 답	1. 물가	2. 금리	3. 통화	4. 화폐

어휘 완성

❍ 빈칸에 알맞은 어휘를 〈보기〉에서 찾아 쓰세요.

보기				
금리	물가	화폐	통화	외환

1. (　　　　)이/가 많이 올라 생선 한 마리가 만 원이 되었다.

2. (　　　　) 위기가 닥치자 무역 회사의 실업률이 높아졌다.

3. 은행 (　　　　)이/가 내리자 대출을 받는 사람들이 늘어났다.

4. 정부는 침체된 경기를 해결하기 위해 (　　　　)을/를 늘렸다.

5. 한 회사의 햄버거 가격을 통해 그 나라의 (　　　　) 가치를 알 수 있다.

정답 1. 물가　2. 외환　3. 금리　4. 통화　5. 화폐

신문 기사를 읽어 봅시다

NEWS

'껑충' 오른 고물가에 서민 가계는 '시름'

지속되는 고물가에 서민들이 어려움을 겪고 있다. A시에 사는 주부 OOO 씨는 장을 볼 때마다 물가가 오른 것을 느낀다며 경제적 부담을 호소했다. 이처럼 높은 물가는 인플레이션까지 불러 올 수 있어….

김한국 기자

03 국제 수지

국제 수지는 다른 나라와 일정 기간 동안 거래를 통해 수취한 금액과 지출한 금액의 차이를 말한다. 국제 수지는 환율의 영향을 받는다. 환율이 상승하면 자국민은 해외여행이 줄어들지만 외국인의 국내 여행은 늘어나므로 외화 수취액이 많아진다. 따라서 국제 수지는 흑자가 된다. 국제 수지가 흑자가 되면 외화의 공급이 늘어나기 때문에 환율이 하락하게 된다. 반대로 국제 수지가 적자일 때는 외화의 수요가 많아져서 환율이 상승한다.

어휘 이해

한국어	영어	모국어
수취	receipt	
지출	expenditure	
외화	foreign currency	
흑자	surplus	
적자	deficit	

한국어	뜻	예시
수취	일정한 돈이나 자금을 받는 것	· 수취인 · 수취 확인 · 수취하다
지출	돈이나 자금을 사용하는 것	· 지출액 · 지출하다 · 지출이 증가하다 ↔ 감소하다
외화	외국에서 들여오는 돈	· 외화 반입 · 외화 송금 · 외화를 지급하다
흑자	수입이 지출보다 많아 이익인 상태	· 가계 흑자 · 흑자를 내다 · 흑자로 돌아서다
적자	지출이 수입보다 많아 손해인 상태	· 무역 적자 · 적자가 생기다 · 적자를 해소하다

어휘 발전

❍ 빈칸에 들어갈 공통된 어휘를 써 보세요.

1.

□□액

□□이 증가하다

□□ 내역

□□하다

2.

□□ 반입

□□를 지급하다

□□ 송금

□□를 벌다

3.

□□인

□□ 확인

□□ 거부

□□하다

4.

가계 □□

□□로 돌아서다

□□를 내다

□□가 예상되다

정 답 1. 지출 2. 외화 3. 수취 4. 흑자

어휘 완성

❍ 빈칸에 알맞은 어휘를 〈보기〉에서 찾아 쓰세요.

보기				
흑자	지출	외화	적자	수취

1. (　　　　)이/가 거부된 우편은 보낸 사람에게 반송된다.

2. 10대 자녀를 둔 가정의 경우 사교육비 (　　　　)이/가 큰 비중을 차지한다.

3. 그 회사는 수출로 연 100조 원의 (　　　　)을/를 벌어들인다.

4. 이번 해에는 수출이 수입보다 많아서 (　　　　)을/를 기록했다.

5. A기업은 이번 신제품의 판매 부진으로 (　　　　)이/가 생겼다.

정 답　1. 수취　2. 지출　3. 외화　4. 흑자　5. 적자

신문 기사를 읽어 봅시다

NEWS

올해 하반기 무역적자 '빨간불'

무역협회의 조사에 따르면 올해 하반기에도 무역 적자를 피해갈 수 없는 것으로 나타났다. 8개월 째 지속된 무역 적자는 장기적인 경기 침체를 유발할 수도 있어 우려의 목소리가 커지고 있다. 이러한 상황을 개선하기 위해 수출의 다변화가 필요하다는 목소리가 커지고 있는데….

김한국 기자

10과 마무리

전공 교재 미리 보기 〔국제 금융〕

금융은 수요자와 공급자 사이에 자금이 거래되는 것을 말한다. 금융 시장에서 자금이 원활하게 융통되기 위해서는 금융 기관이 필요하다. 금융 기관에는 은행, 보험회사, 금융 보조 기관 등이 있다.

금융은 금리나 주식의 가격을 결정한다. 또한 자금의 수요와 공급이 조절될 수 있도록 도와주는 역할을 한다. 이밖에 수표, 어음, 신용카드, 인터넷 뱅킹 등 다양한 결제 수단을 제공해 편리한 금융 거래를 할 수 있도록 해 준다.

환율은 나라 간 화폐의 교환 비율을 말한다. 외환 시장에서 환율은 수요와 공급에 의해 결정된다. 물가, 경제 성장률, 통화량, 금리도 환율에 영향을 미친다. 환율의 변동은 경제에 큰 영향을 미친다. 환율이 상승하면 원화의 가치가 하락해 수출품의 가격도 낮아진다. 이에 따라 수출이 증가하고 국내 고용도 늘어나게 된다. 하지만 높은 환율 때문에 자국민의 해외여행은 감소하게 된다. 반면에 환율이 하락하면 수출품의 가격 상승, 수출 감소, 국내 고용 감소가 나타난다.

국제 수지는 다른 나라와 일정 기간 동안 거래를 통해 수취한 금액과 지출한 금액의 차이를 말한다. 국제 수지는 환율의 영향을 받는다. 환율이 상승하면 자국민은 해외여행이 줄어들지만 외국인의 국내 여행은 늘어나므로 외화 수취액이 많아진다. 따라서 국제 수지는 흑자가 된다.

국제 수지가 흑자가 되면 외화의 공급이 늘어나기 때문에 환율이 하락하게 된다. 반대로 국제 수지가 적자일 때는 외화의 수요가 많아져서 환율이 상승한다.

※ 다음을 읽고 맞는 것은 O, 틀린 것은 X를 하세요.

1. 금리, 주식의 가격은 금융의 영향을 받는다. (O / X)

2. 환율은 국가가 주도적으로 결정한다. (O / X)

3. 환율이 상승하면 국내 고용이 증가한다. (O / X)

4. 외국인의 국내 여행이 증가하면 국제 수지는 적자이다. (O / X)

정 답 1. O 2. X 3. O 4. X

[저자 약력]

이 다 슴

부산대학교 외국어로서의 한국어교육 전공 박사

현) 부산외국어대학교, 부산가톨릭대학교 강사
창원대학교 국제교류교육원 강사
전) 부산대학교, 부산교육대학교 강사
전) 부산과학기술대학교 조교수

김 지 현

부산대학교 외국어로서의 한국어교육 전공 박사

현) 경상국립대학교, 해군사관학교 강사
창원대학교 국제교류교육원 강사
전) 이화여자대학교 언어교육원,
부산대학교 언어교육원 강사

유학생을 위한 쉬운 경영 한국어 어휘

초판인쇄 2023년 12월 5일
초판발행 2023년 12월 15일

지은이 이다슴, 김지현
펴낸이 박노일

총괄기획 최준규
편 집 이상민

펴낸곳 pnc publishing and culture 피앤씨미디어
경기도 고양시 일산동구 강송로 153 310-1501
등록 제396-2012-000203호
전 화 070)7550-3758 팩 스 02)718-8554
홈페이지 www.pncmedia.co.kr 이메일 pnc@pncmedia.co.kr
ISBN 979-11-5730-904-7 93320

정 가 16,000원